Freiheit

Elodie Arpa

über
morgen

Freiheit

Elodie Arpa

Inhalt

Ich liebe es, wie „Freiheit“ einfach eine leere Worthülse ist mit der man absolut alles begründen kann, klar „friere ich für die Freiheit“, wann kommen die „Steuererhöhungen für mittlere Einkommen für die Freiheit“ und die „Streichung der Sozialleistungen für die Freiheit“

Sebastian Hotz alias El Hotzo

Freiheit in Gefahr?

Freiheit beschäftigt uns. Wir argumentieren mit ihr, wir sehnen uns nach ihr. Und nicht selten entscheiden wir uns für sie.

Was aber meinen wir, wenn wir Freiheit sagen? Seit Jahrhunderten, ja seit Jahrtausenden suchen wir Menschen nach ihrer Definition – bisher scheinbar vergeblich. So schrieb der französische Schriftsteller Montesquieu im Jahr 1748: „Es gibt kein Wort, dem man mehr unterschiedliche Bedeutungen gegeben hätte als dem Wort Freiheit. Kein Wort hat die Geister so vielfältig gefesselt."[1]

Viele Philosoph*innen, von Aristoteles über Thomas Hobbes, Jean-Jacques Rousseau, Immanuel Kant bis hin zu Hannah Arendt und Friedrich August von Hayek, beschäftigten sich Zeit ihres Lebens intensiv mit der Freiheit. Und auch für gegenwärtige Philosoph*innen ist es ein Thema, an dem sie sich abarbeiten können, ohne je ein Ende zu finden.

So sehr der Begriff der Freiheit philosophische Debatten prägt, so sehr ist er auch aus der Politik nicht wegzudenken. Unzählige Male findet man das Schlagwort Freiheit in den Wahlprogrammen der sechs größten Parteien zur deutschen Bundestagswahl 2021. Und auch bei der österreichischen Nationalratswahl 2019 ist in den Wahlprogrammen der fünf größten Parteien wieder und wieder von Freiheit die Rede. Mit Freiheit wird auf Wahlplakaten geworben, in Sonntagsreden nach Stimmen gefischt und einige Parteien tragen die Freiheit sogar im Namen. Ob links oder rechts, progressiv oder konservativ – jede politische Gruppierung bekennt sich zur Freiheit und tut das laut kund.

Und das geht auch! Denn jede*r von uns versteht etwas anderes unter Freiheit. Man könnte demnach meinen, Freiheit sei nicht mehr als eine leere Worthülse. Aber ist es nicht genau das, was diesem Wort eine solche Macht verleiht? Denn obwohl – oder gerade weil – jeder Mensch eine eigene Definition von Freiheit hat, dient der Begriff Freiheit als Projektionsfläche für unsere größten Wünsche, tiefsten Sehnsüchte und dringendsten Erwartungen.

Dessen ist sich auch das Marketing bewusst, und so werden wir in der Werbung mit Freiheitsversprechen bombardiert. Kaufe das Auto, erhöhe dein Datenvolumen, bestelle das Parfüm, buche das Ticket, trinke das Bier – tu es für dich, für deine Freiheit! So oder so ähnlich klingen sie, die immer gleichen Produktversprechen. Und obwohl wir sie längst alle kennen, sehen wir uns im Alltag stetig mit ihnen konfrontiert.

Denn für die Wirtschaft und die Politik ist Freiheit nicht nur ein tolles „one fits all"-Versprechen: Wer mit Freiheit wirbt, befindet sich auf sicherem Terrain. Bei einem so weiten, unklar definierten Begriff wirft einem nämlich selten jemand vor, man würde ihn zur Täuschung oder Manipulation nützen. Dass einigen Unternehmen und Parteien zum Fang von Wähler*innen bzw. Kund*innen jede Heuchelei recht ist, ist bekannt. Um davor zu warnen, hat sich mittlerweile eine Reihe an Begriffen etabliert: Wenn Individuen oder Vereinigungen umweltfreundlicher wirken wollen, als sie es tatsächlich sind, nennt man das „Greenwashing". Und wer angibt, sich für LGBTQIA*[2]-Rechte einzusetzen, ohne dass die eigenen Handlungen das faktisch widerspiegeln, betreibt „Pinkwashing". Zum Schutz des Freiheitsbegriffs gibt es aber nichts dergleichen. Das Wort Freiheit wird ständig ausgehöhlt, irreführend oder gar missbräuchlich verwendet, ohne dass wir das notwendige Vokabular haben, um diese Vorgänge einordnen zu können.

Mehr noch, Freiheit eignet sich grandios als Totschlagargument. Statt das eigene Verhalten oder die eigene Meinung zu begründen, kommt ein flapsiges: „Das wird man ja wohl noch –! Also meine Freiheit lasse ich mir nicht nehmen!" und verunmöglicht jede konstruktive Diskussion. Denn das Scheinargument Freiheit lässt sich nicht entkräftigen. Oder doch?

Der Missbrauch des Freiheitsbegriffs hat eine lange Geschichte. Ausgerechnet im Zeitalter der Aufklärung, in dem Denker wie John Locke und Immanuel Kant ihre Freiheitsliebe in zahlreichen Schriften kundtaten, florierte der Sklavenhandel. John Locke investierte sogar persönlich in Sklavenhandelsgesellschaften.[3] Nachdem man in Europa einige Jahrhunderte lang von der Gewalt in Afrika profitiert hatte, nutzte man das Argument der Freiheit zur Rechtfertigung des Kolonialismus. Während die imperialen Mächte sich selbst als zivilisationsbringend inszenierten, propagierten sie ein rassistisches Bild der Afrikaner*innen als zur Ordnung und Selbstkontrolle nicht fähig und rechtfertigten die Aufteilung des Kontinents als eine Befreiung Afrikas von sich selbst.[4] Eine solche Pervertierung des Freiheitsbegriffs findet sich auch in der Zeit des Nationalsozialismus wieder, wo die Aufschrift „Arbeit macht frei" auf den Eingangstoren der Konzentrationslager Ausschwitz, Dachau, Sachsenhausen, Theresienstadt und Groß-Rosen angebracht wurde.[5]

Diese historischen Beispiele stellen nur die Spitze des Eisbergs an missbräuchlicher Freiheitsrhetorik dar, denn große und kleine Verdrehungen des Begriffs Freiheit gab es immer schon. Rückblickend analysieren, kritisieren und verurteilen wir diese Freiheitsrhetorik – und das zu Recht! Doch wie sieht es heute aus? Welche derzeitigen Freiheitsdebatten sind kritisch zu sehen?

Freiheit hat mehrere Dimensionen, doch es scheint, als ob nur eine davon unsere gegenwärtigen gesellschaftlichen Diskurse beherrschen würde. Freiheit ist eine Idee, ein Grundrecht und ein subjektives Empfinden. Als Grundrecht findet man die Freiheit in vielen Rechtsordnungen wieder. Freiheitsrechte sind vielseitig und beinhalten auf europäischer Ebene neben Eigentumsfreiheit und Meinungsfreiheit auch das Folterverbot und das Recht auf Schutz der Privatsphäre, um nur einige zu nennen. Wirtschaft und Politik sind aber primär darauf ausgerichtet, unser subjektives Empfinden von Freiheit anzusprechen. Unsere persönliche Freiheitsdefinition bilden wir nämlich auf der Gefühlsebene: Was sich nach Freiheit anfühlt, muss Freiheit sein. Nicht wahr?

Nicht ganz! Freiheit als subjektives Empfinden kann im richtigen Kontext eine wichtige Funktion einnehmen. Gerade in Entscheidungssituationen richten wir uns oft danach, was sich für uns befreiend anfühlt. Allerdings ist genau dieses Freiheitsgefühl stark von unserem Umfeld, von Werbung und von Politik geprägt, daher leicht beeinflussbar und nicht so zuverlässig, wie wir es gerne hätten. Trotzdem ist es das subjektive Empfinden von Freiheit, das zurzeit unsere gesellschaftlichen Diskurse formt – und oft zu einem einseitigen, naiven, ja geradezu kindischen Freiheitsverständnis führt.

Nimmt man das eigene Freiheitsgefühl unreflektiert als Maßstab für gesellschaftliches Handeln und politische Entscheidungen, dann kann das im Ergebnis nicht nur egoistisch sein, sondern auch gefährlich. Denn wenig hemmt uns in der konstruktiven Bewältigung akuter Krisensituationen so sehr wie falsch verstandene Freiheit, die es nicht anzurühren gilt. Sie bedroht unseren Planeten, schadet unserer Gesundheit und gefährdet Existenzen. Das Freiheitsverständnis, wie es uns bei Corona-Großdemonstrationen, in so manchen TV-Interviews und vielleicht auch beim Weihnachtsessen mit der Familie begegnet, ist bei näherer Betrachtung oft rücksichtslos, menschen- und zukunftsverachtend und damit im Kern vor allem eines: freiheitsgefährdend.

Dem etwas entgegenzusetzen, ist die Aufgabe all jener, die sich Freiheit wünschen, ohne im gleichen Atemzug andere Menschen von ebendieser Freiheit ausnehmen zu wollen. Es liegt an uns, die wir nachhaltigen Freiheitserhalt und Freiheitsausbau ehrlich anstreben, Kontra zu geben.

Dieses Buch soll dazu einen Anstoß liefern. Es zeigt die Schwächen in der Argumentation derjenigen auf, die „Freiheit" rufen, damit aber Egoismus, Ignoranz und Diskriminierung meinen. Und es bietet einen Ausblick auf ein größer gedachtes, gemeinschaftlicheres Freiheitsverständnis. Eines, mit dem sich Krisen eindämmen lassen und Zukunft erbauen lässt. Ein Freiheitsverständnis, das Freiheit nicht als Gegenpol von Rücksichtnahme und Miteinander versteht, sondern als etwas Bedingtes und Bedingendes. Etwas, was Voraussetzungen braucht und einen Rahmen hat.

Missverstandene Freiheit: Egoismus und Ignoranz

Als Gesellschaft stehen wir vor großen Herausforderungen. Wir befinden uns bereits mitten in einer Klima- und Biodiversitätskrise und steuern mit Vollgas auf eine dystopisch anmutende Klimakatastrophe zu. Die enorme Inflation verschärft die soziale Ungleichheit und treibt immer mehr Menschen in die Armut. Und schließlich bleibt auch Corona leider weiterhin Thema. Doch obwohl die Faktenlage deutlich macht, dass sofortiges Handeln notwendig ist, gibt es genügend Politiker*innen und (selbsternannte) Intellektuelle, die am Status Quo festhalten wollen. Weil ihre Positionierung wissenschaftlichen Erkenntnissen widerspricht, sie ihre Meinung in TV-Debatten und Zeitungsinterviews aber trotzdem kundtun wollen, wird auf die effektivste

Ausrede schlechthin zurückgegriffen: Freiheit. Superreiche Menschen besteuern ist Freiheitsraub – so ihre Erklärung. Auch das Tempolimit ist eine Zumutung für die Freiheit. Und das Verbot inländischer Kurzstreckenflüge sowieso!

Als Gesellschaft haben wir uns daran gewöhnt, dass Freiheit als Euphemismus für Egoismus, für möglichst wenig Staat und möglichst viel Risiko verwendet wird. Besonders auffällig war die missbräuchliche Verwendung des Freiheitsbegriffs als eine beschönigte Umschreibung für Rücksichtslosigkeit während den Corona-Lockdowns. Das Nein zur Impfung wurde als „persönliche Entscheidung" gerechtfertigt und das fehlende Maskentragen zum Ausdruck „der eigenen Freiheit" erklärt. Bei verbotenen Großdemonstrationen marschierten „besorgte Eltern" mit Kinderwägen und Familienhunden, überzeugte Wissenschaftsgegner*innen und langjährige AfD-bzw. FPÖ-Wähler*innen gemeinsam mit Esoterik-Gurus und amtsbekannten Rechtsextremen durch die Innenstädte. Ihr gemeinsames Anliegen: Freiheit.

Tatsächlich ist das Narrativ der „persönlichen Entscheidung" inmitten einer Pandemie fehlplatziert. Denn Maßnahmen- und Impfverweigerung ist bei einem hochansteckenden Virus wie Covid-19 neben Selbstgefährdung vor allem eines: Fremdgefährdung. Die sogenannten

Coronaleugner*innen – viele von ihnen leugnen ja nicht die Gefährlichkeit des Virus, sondern die eigene Verantwortung gegenüber ihren Mitmenschen – verschärften die gesellschaftliche Gesundheitskrise extrem. Trotzdem konnten die Coronaleugner*innen ihr altbekanntes Lied der „persönlichen Entscheidung" monatelang weiterträllern. Es dauerte erstaunlich lange, bis die Mehrheitsgesellschaft die Maßnahmenverweiger*innen nicht nur um Solidarität bat, sondern sie dazu aufforderte, doch mal die Definition von Freiheit nachzuschlagen.

Natürlich gibt es keine einheitliche Definition von Freiheit. Dennoch stößt jede*r, der*die sich mit dem Konzept der Freiheit beschäftigt – und sei es nur in aller Kürze – auf den Leitsatz, der Immanuel Kant zugeschrieben wird: Die Freiheit des Einzelnen endet dort, wo die Freiheit des anderen beginnt. Tatsächlich hat Kant das – typisch Kant!– etwas komplizierter ausgedrückt: „Die Freiheit als Mensch, deren Prinzip für die Konstitution eines gemeinen Wesens ich in der Formel ausdrücke: Niemand kann mich zwingen auf seine Art [...] glücklich zu sein, sondern ein jeder darf seine Glückseligkeit auf dem Wege suchen, welcher ihm selbst gut dünkt, wenn er nur der Freiheit Anderer, einem ähnlichen Zwecke nachzustreben, die mit der Freiheit von jedermann nach einem möglichen allgemeinen Gesetze zusammen bestehen kann [...] nicht Abbruch tut."[6] Ähnliches ist auch in der Französischen Erklärung der

Bürger- und Menschenrechte von 1789 zu lesen. So heißt es in Artikel 4 der Erklärung: „La liberté consiste à pouvoir faire tout ce qui ne nuit pas à autrui", was auf Deutsch so viel bedeutet wie: Die Freiheit besteht darin, dass man alles das tun kann, was einem anderen nicht schadet.

Fest steht also: Freiheit hat Grenzen. Ein Recht auf absolute Freiheitsausübung gibt es nicht. Vielmehr ist das Recht auf Freiheit immer gegen Grundrechte anderer Menschen abzuwägen. Freiheitseinschränkungen sind nicht per se problematisch, sondern oftmals notwendig – auch wenn das nicht alle einsehen wollen. So schreibt Heidi Kastner, Fachärztin für Psychiatrie und Neurologie, trefflich: „Die fundamentale Dummheit besteht [...] in der Verweigerung eines Lebens in begrenzter, geordneter Freiheit, das als Grundkonzept aller demokratischen Gesellschaftsstrukturen verstanden werden muss. Unbegrenzte Freiheit wäre erstmal Anarchie und dann ziemlich schnell ziemlich viel Unfreiheit für ziemlich viele, all diejenigen nämlich, die nicht über ausreichend physisches Durchsetzungsvermögen verfügen, um den freien Handlungen anderer ihre eigenen Freiheitsvorstellungen entgegenzusetzen. [...] Jeder in einer Gesellschaftsorganisation lebende Mensch bezahlt für seine Freiheit mit dem Verzicht auf Teile ebendieser Freiheit; wer an dieser Grunderkenntnis vorbeiargumentiert und -fordert, hat einiges nicht durchdacht, nicht verstanden oder nicht verstehen wollen."[7] Auch Schriftsteller Hans Platzgumer bringt es auf den Punkt: „Füge ich im Ausleben meiner Freiheit anderen Schaden zu, bin ich nicht frei, sondern asozial, eine Gefahr für die Allgemeinheit."[8]

Genau diese Gefährdung der Allgemeinheit haben wir während den Corona-Lockdowns schmerzlich zu spüren bekommen. Mit Scheuklappen durchs Leben zu gehen, ist nie gut. Doch in gesellschaftlichen Krisensituationen, in denen es um komplexe Problemlagen geht, die nur durch kollektive Anstrengung gelöst werden können, ist als Freiheit getarnter Egoismus geradezu fatal.

Mittlerweile ist uns als Mehrheitsgesellschaft in Bezug auf Corona klar, wie schädigend das „Ich bin ganz bei mir"-Mindset ist. Zwar sind Coronaleugner*innen weiterhin gut vernetzt und propagieren ihre (oft antisemitischen, rassistischen und faschistischen) Verschwörungstheorien auf den unterschiedlichsten Plattformen, von Telegram-Kanälen bis hin zu TV-Sendern. Wer an die groß geplante Corona-Verschwörung glaubt, wird sich aber schwertun, in respektablen Fernsehformaten, Radiosendungen und Zeitungen eine Bühne zu bekommen. Generelle Maßnahmen- und Impfverweigerung wird von der Mehrheitsgesellschaft als Ignoranz und ja, durchaus als eine Form von Dummheit angesehen und die damit einhergehende Freiheitsrhetorik kritisch beäugt.

In anderen Bereichen unserer Gesellschaft sind irreführende und missbräuchliche Freiheitsvorstellungen hingegen so normalisiert, dass wir sie weitaus seltener als solche erkennen. So etwa bei sozialer Ungleichheit. Die explodierenden Energiepreise und die hohe Inflation treiben mehr und mehr Menschen in die Armut und stellen für die meisten eine finanzielle (und damit auch psychische) Belastung dar. Doch obwohl die Teuerungen auch medial ein großes Thema sind, dienen die Maßnahmen der Politik eher zur Symptommilderung als zur Ursachenbekämpfung. Einmalzahlungen für (fast) alle Haushalte und mehr oder weniger clevere Spartipps helfen vielleicht kurzfristig. Langfristige, strukturelle Lösungen sehen aber anders aus. International anerkannte Ungleichheitsforscher*innen wie Branko Milanović[9] und Thomas Piketty[10] plädieren seit Jahren für mehr Umverteilung in Form von erhöhten Vermögens- und Erbschaftssteuern. In Deutschland, wo es seit 1996 keine Vermögenssteuer mehr gibt, und in Österreich, wo es seit 1993 keine Vermögenssteuer und seit 2008 weder Erbschafts- noch Schenkungssteuer gibt, müsste man diese Steuern überhaupt erst wieder einführen. Doch daran haben viele kein Interesse. Sobald es um Steuern für Reiche geht, ist auch ein polit-medialer Aufschrei nicht weit. Sofort heißt es, man solle doch endlich mit dieser „elenden Neiddebatte“ aufhören. Es sei nämlich ungerecht, Menschen ihr Vermögen einfach

„wegzunehmen" und sie damit „in ihrer Freiheit zu berauben"!

Doch wenn die Ablehnung von Erbschafts-, Schenkungs- und Vermögenssteuern so enorm ist, warum tun wir uns das Steuernzahlen überhaupt noch an? Steuern sind auf den ersten Blick eine Freiheitseinschränkung. Denn für diejenigen, die sie zahlen müssen, bedeuten sie erstmal weniger Geld. Gleichzeitig ermöglichen uns Steuern überhaupt erst, unser Leben zu führen. Denn wir alle nutzen Straßen, Brücken und Tunnel, öffentliche Verkehrsmittel, Schulen, Krankenhäuser, Blaulichtorganisationen, Kommunikationsinfrastruktur, die Kanalisation, das Justizsystem – das alles sind Dinge, die wir uns, müssten wir selbst dafür zahlen, wahrscheinlich nicht leisten könnten oder die sich nicht oder deutlich schlechter privat organisieren lassen würden. Ein Leben ohne diese staatliche Infrastruktur wäre undenkbar, viele Freiheiten, die wir heute für selbstverständlich halten, wären uns genommen. Da sich diese staatliche Infrastruktur größtenteils aus Steuern und Abgaben finanziert, sind Steuern im Ergebnis vor allem eines: freiheitsermöglichend.

Wenn wir also in Österreich jedes Jahreseinkommen ab 11.000 Euro besteuern (und in Deutschland ab knapp 10.000 Euro) und wir auf jeden Einkauf Umsatz- bzw. Mehrwertsteuer zahlen, warum sollen dann nicht auch Milliardenerben und Superreiche einen ihrer

Vermögenslage entsprechenden Teil zur Gesellschaft beitragen? Denn auch sie nutzen und profitieren von staatlicher Infrastruktur – vom Bildungs-, Sozial- und Rechtssystem.

Laut einer Studie der österreichischen Nationalbank aus dem Jahr 2022 besitzt das reichste Prozent der Menschen in Österreich zwischen 30 % und 50 % des Gesamtvermögens – und damit deutlich mehr als bisher gedacht. Genau einschätzen lässt sich das wegen mangelnder Daten nicht, denn: „Über weniger vermögende Menschen weiß man recht viel, über reiche wenig bis gar nichts."[11] So sagt es Emmanuel List, Experte für Vermögensverteilung an der Wirtschaftsuniversität Wien. Tatsächlich werden viele staatliche Ressourcen in die Kontrolle von Sozialbedürftigen (und speziell Hartz-4-Bezieher*innen) gesteckt, um das Ausnützen von Sozialleistungen zu verhindern. Wenig Beachtung schenkt der Staat hingegen Superreichen, also Menschen, die hunderte Millionen Euro besitzen oder gar Milliardäre sind. Und das, obwohl deren fehlende Besteuerung und Steuervermeidung uns als Gesellschaft um immens hohe Geldbeträge bringt.

Was das alles mit Freiheit zu tun hat? Armut ist für die Betroffenen selbst extrem freiheitseinschränkend. Denn fast alles, was irgendwie freiheitsermöglichend ist, kostet Geld, und wer in finanzieller Not lebt, wird vom monatlichen Über-die-Runden-Kommen mental so vereinnahmt, dass an Freiheit gar nicht mehr zu denken ist. Soziale Ungleichheit bedeutet aber auch für fast alle anderen Menschen in unserer Gesellschaft eine deutliche Lebensqualitäts- und damit Freiheitseinschränkung. Denn wenn die Schere zwischen Arm und Reich immer weiter auseinandergeht, gibt es auch immer weniger soziale Mobilität. Das Ziel, einmal ein besseres Leben zu haben, als die eigenen Eltern es hatten, wird immer unerreichbarer. Hat der Staat weniger Steuereinnahmen, leidet auch die staatliche Infrastruktur – und wir mit ihr mit. Denn für den Breitbandausbau, für digitalisierte Schulen, für besser ausgestattete Krankenhäuser, für den Ausbau der öffentlichen Verkehrsmittel und die Einleitung der Energiewende braucht es Geld. Geld, das bisher in Stiftungen und Immobilien superreicher Privatpersonen steckt.

Soziale Ungleichheit in ihrer extremen Form, wie wir sie heute kennen, ist nicht nur unmoralisch, sie ist auch demokratiegefährdend. Eine Studie des SORA-Instituts für die Stadt Wien hat 2020 ermittelt: Je weniger sozioökonomische Ressourcen in einem Stadtteil zusammenkommen, desto geringer ist auch die Wahlbeteiligung. Wenn Menschen aufgrund ihrer finanziellen Situation in ökonomischer Unsicherheit leben, kaum gesellschaftliche Anerkennung bekommen und negative Erfahrungen mit staatlichen Institutionen machen, entwickeln viele die Überzeugung, kein gleichwertiger Teil der Demokratie zu sein. Arme Menschen verlieren häufig das Vertrauen und damit das Interesse an Politik und sind dadurch überproportional oft Nichtwähler*innen.[12] Doch nicht nur die geringe Wahlbeteiligung ärmerer Menschen ist ein Problem, auch die Tatsache, dass die reichsten Menschen in unserer Gesellschaft für ihre eigenen Interessen (also unter anderem gegen Vermögens- und Erbschaftssteuern) lobbyieren, stellt ein demokratieschädigendes Machtungleichgewicht dar. Denn wenn reiche Menschen sich ihren Einfluss in Parteien erkaufen können, stimmt der Ausspruch „ein Bürger, eine Stimme" schon lange nicht mehr. Das sollte uns allen Angst machen, denn jede*r, der*die sich für Demokratie ausspricht und seine Freiheiten genießt, muss soziale Ungleichheit als das erkennen, was sie ist: eine demokratie- und damit freiheitsgefährdende Krise, die dringend ernst genommen und strukturell angegangen werden muss. Dass viele Menschen das so nicht sehen (wollen) und „Freiheit" im Gegenteil dazu nutzen, den Status Quo weiter einzuzementieren, ist ein bemerkenswert trauriges Beispiel dafür, wie freiheitsgefährdend so manche Freiheitsrhetorik in Wirklichkeit ist. Woher dieses egoistisch-ignorante Freiheitsverständnis kommt, wird im nächsten Kapitel tiefgehender ausgeführt. Zunächst bleibt aber noch ein Thema zu besprechen, das besonders deutlich macht, welche fatalen Konsequenzen die derzeitig vorherrschende Freiheitsrhetorik zur Folge haben kann. Es geht um die Klimakrise.

2022 hat das Intergovernmental Panel on Climate Change (IPCC), eine von der UNO zusammengestellte Expert*innengruppe, bestehend aus 270 Wissenschaftler*innen aus 67 Ländern, ihren neuen Bericht herausgebracht.[13] Die darin beschriebenen Tatsachen sind furchterregend: Die Treibhausgase steigen weiterhin und befinden sich auf einem neuen Höchststand. Zugleich sind die Auswirkungen der Klimakrise schlimmer, als es die Wissenschaftler*innen bisher erwartet haben. So wurden allein im Jahr 2019 13 Millionen Menschen in Asien und Afrika durch klimawandelbedingte Extremwetterereignisse von ihren Heimatorten vertrieben und etwa die Hälfte aller Menschen weltweit sind bereits heute von starker Wasserknappheit betroffen.[14] Selbst wir im reichen Mitteleuropa spüren die Konsequenzen der Klimakrise seit ein paar Jahren am eigenen Leib. Im Sommer 2022 brannte es in ganz Europa, von Großbritannien über Deutschland und Frankreich bis nach Portugal standen Wälder und Wiesen in Flammen.[15] Wer vom brennenden Festland und vor der Hitzewelle[16] ans Meer flüchten wollte, hatte wiederum das Pech, mit einer Quallenplage konfrontiert zu sein. Denn aufgrund der erhöhten Temperatur des Meerwassers und der wegen Überfischung aussterbenden Fressfeinde vermehrten sich die Quallen 2022 deutlich schneller als bisher und waren fast im gesamten Mittelmeerraum anzutreffen.[17] Dass der Urlaub weniger entspannt und abkühlend wird als erwartet, ist eher ein Luxusproblem. Die Flutkatastrophe im Sommer 2021, wo alleine in Deutschland über 180 Menschen starben, und die steigende Zahl an jährlichen Hitzetoten, die mittlerweile die Zahl der Verkehrstoten übersteigt[18], zeigen jedoch, wie (lebens-)gefährlich die Klimakrise bereits heute ist.

Klimawissenschaftler*innen warnen deswegen eindringlich davor, eine globale Erderhitzung von 1,5 Grad zu überschreiten, denn dann werden sogenannte Kippelemente erreicht werden. Ein Kippelement oder Kipppunkt (auf Englisch *tipping point*) ist ein kritischer Grenzwert, bei dem jede kleine zusätzliche Veränderung zu einem Kollaps ganzer Ökosysteme führen kann. Sobald die Erderwärmung um mehr als 1,5 Grad im Vergleich zum Jahr 1990 ansteigt, erwarten uns Katastrophen ungeahnten Ausmaßes. Es ist also ein Szenario, das wir um jeden Preis verhindern sollten!

Doch wenn junge Menschen mit Fridays for Future auf die Straße gehen oder gemeinsam mit führenden Klimawissenschaftler*innen in Pressekonferenzen auf die Einhaltung dieses 1,5-Grad-Ziels drängen, das sich die Staaten in der Pariser Klimakonferenz 2015 selbst gesetzt haben, ist die gesellschaftliche und vor allem die politische Ablehnung nach wie vor groß. Egal ob es um das Tempolimit, den Stopp von Kohlekraftwerken oder um ein Verbot inländischer Kurzstreckenflüge geht, schnell fallen als Reaktion Worte wie „Verbotspolitik“ und „Ökodiktatur“. Die von der wissenschaftlichen Community geforderte sozialökologische Transformation wird als „radikal“ gesehen, ja sogar als Weg „zurück in die Steinzeit“ bezeichnet. Der Ökonom und Politologe Philipp Lepenies beschreibt das in seinem Buch „Verbot und Verzicht. Politik aus dem Geiste des Unterlassens“ folgendermaßen: „Die fanatischen Gegner der Verbotspolitik kennzeichnet eine fatale Überzeugung: Der aktuelle Lebensstil muss nicht angepasst werden. Eine Politik ohne Verbote und Einschränkungen ist nicht nur möglich, sondern selbstverständlich. Damit verbunden ist die Vorstellung, die Herausforderungen des Klimawandels und der Umweltzerstörung ließen sich durch innovativen technischen Erfindergeist und durch die rationalen Dynamiken des Marktes in den Griff bekommen – in jedem Fall ohne staatliche Einschränkungen und ‚Bevormundungen‘.“[19] Dass Technologie und Innovation uns nicht vor der Klimakatastrophe bewahren werden, müsste eigentlich allen klar sein, die sich mit dem Thema einmal (und sei es nur kurz und recht oberflächlich) beschäftigt haben. Und doch propagieren viele Politiker*innen, es brauche keinen Verzicht und keine Verbote, der Unternehmergeist und der freie Markt würden schon alles von selbst regeln – und bekommen dafür von ihren Wähler*innen laute Zustimmung. Denn für viele ist die Idee, dass der Staat gestalterisch in ihre Leben eingreift, zu einem absoluten No-Go geworden. Dementsprechend groß ist ihre Entrüstung, sobald es zum Beispiel um die Energiewende oder um reduzierten Fleischkonsum geht. Ganz nach dem Motto: Wir lassen uns sicher nichts verbieten!

Dabei wird ausgeblendet, dass „wir" Verbote in anderen Lebensbereichen durchaus als sinnvolle und notwendige Regeln im menschlichen Zusammenleben verstehen und widerstandslos annehmen. Die Regeln im Straßenverkehr und die Unterrichtspflicht halten die allermeisten Menschen ein, ohne darin einen Angriff auf ihre persönliche Freiheit zu verorten. Und was arbeitsrechtliche Normen angeht, so ist der Großteil der Arbeitnehmer*innen durchaus glücklich darüber, dass sich die Arbeitsbedingungen seit der Industriellen Revolution durch Gesetze und Kollektivverträge deutlich verbessern mussten. Verbote sind also nicht per se schlecht. Und sie stehen auch nicht notwendigerweise mit der Freiheit im Widerspruch. Denn meistens sind Verbote beides: freiheitseinschränkend und freiheitsermöglichend. In puncto Klimakrise schränken sie (unter anderem) die Freiheit von Schnellfahrer*innen, Vielflieger*innen und Kohlekraftwerkbesitzer*innen ein, um die Freiheit von uns allen zu sichern. Denn nicht nur die IPCC-Berichte zeigen deutlich, dass die Klimakrise uns alle betrifft. Auch die letzten Sommer haben uns das schmerzhaft vor Augen geführt: ausgetrocknete Seen, lebensbedrohliche Überflutungen, Tornados, Großbrände, Hitzetote. Wenn es um den Klimawandel geht, denken nur noch die wenigsten an Eisbären in der Arktis. Denn an lebensnahen Beispielen dafür, was es heißt, in einer sich immer weiter erhitzenden Welt zu leben, mangelt es uns mittlerweile (leider) nicht mehr.

Egal wie alt wir sind und wo wir leben, wenn wir politisches Nichtstun weiter zulassen, steuern wir auf eine Erderwärmung von 2 bis 3 Grad zu und uns werden Freiheitseinschränkungen dystopischen Ausmaßes erwarten. Warum lassen wir es also zu, dass ein egoistisch-ignorantes Freiheitsverständnis unsere eigentliche Freiheit dermaßen gefährdet?

Trügerische Freiheit: Jede*r für sich allein

Dass viele Menschen Freiheit als Synonym für Egoismus verwenden, kommt nicht von ungefähr. Tatsächlich haben wir uns dieses egozentrisch-ignorante Freiheitsverständnis, wie es heute viele gesellschaftspolitische Bereiche dominiert, die letzten Jahrzehnte hinweg kollektiv angelernt. Es entstammt nämlich der Denkschule des Neoliberalismus.

Der Neoliberalismus, der sich aus dem altgriechischen *neos* für neu und dem lateinischen *liberalis* für freiheitlich zusammensetzt und somit schon in seinem Namen einen Freiheitsanspruch konstituiert, besteht aus einer Reihe an Leitideen. Diese klingen (etwas überspitzt formuliert) in etwa so:

Einerseits gibt es die Bürger*innen, andererseits den Staat. Der Staat ist gefährlich, da er die Freiheiten der Bürger*innen einschränken möchte, dabei regelt der Marktmechanismus durch das Wechselspiel von Angebot und Nachfrage die Dinge doch deutlich besser. Neoliberale plädieren daher für möglichst wenig Staat und möglichst viel Markt. Die Aufgabe des Staates sollte sich ihrer Ansicht nach darauf beschränken, die Rahmenbedingungen für einen effizienten Markt zu schaffen. Wer neoliberal denkt, glaubt zudem nicht daran, dass es eine solidarische Gesellschaft gibt oder geben kann. Denn die Denkschule des Neoliberalismus geht davon aus, dass Individuen egoistisch und möglichst kosteneffizient handeln, mit dem Ziel der eigenen Bedürfnisbefriedigung. Nach dem Gemeinwohl zu streben, ist aus neoliberaler Sicht daher unsinnig. Im Fokus sollte stattdessen die Maximierung von Individualinteressen stehen, vor allem dem Konsumbedürfnis der Menschen ist Beachtung zu schenken. Nur wenn Menschen möglichst uneingeschränkt konsumieren können und es keine staatlichen Eingriffe gibt, die den freien Markt beeinträchtigen, gibt es ökonomische Freiheit, welche wiederum die Voraussetzung für alle anderen Formen von Freiheit ist – so die neoliberale Theorie.

Den meisten von uns sind diese Paradigmen bekannt. Egal ob es Politiker*innen im Fernsehen sind, die diese Ideen in Stehsätze verpackt zum Besten geben, ob sie bei

Diskussionen mit Kolleg*innen und Freund*innen aufkommen oder ob es der eigene Vater ist, der bei einer Familienfeier ähnliche Gedanken teilt: neoliberale Rhetorik scheint allgegenwärtig zu sein. So allgegenwärtig, dass sie uns oft gar nicht mehr als solche auffällt. Viele Menschen haben neoliberale Auffassungen mittlerweile dermaßen verinnerlicht, dass sich diese auch in ihren Alltagsentscheidungen widerspiegeln.

Wie prägend die Geschichte des Neoliberalismus für unser heutiges Verständnis von Politik und Gesellschaft ist, thematisiert der Ökonom und Politologe Philipp Lepenies ausführlich und wortgewandt in seinem Buch „Verbot und Verzicht. Politik aus dem Geiste des Unterlassens“. Viele seiner Gedanken bilden die Basis für die Ausführungen in diesem Kapitel. Denn um zu verstehen, welche Macht neoliberale Theorien in unserem Leben – und in Bezug auf unser heutiges Freiheitsverständnis – haben, ist es notwendig, zurückzuschauen.

Tatsächlich ist der Neoliberalismus eine verhältnismäßig junge Denkschule. Bis zur Mitte des 20. Jahrhunderts spielte er in Politik, Wirtschaft und Gesellschaft praktisch keine Rolle. Vielmehr war es damals üblich, sich als Teil einer Gruppe zu begreifen und die eigenen Interessen dem Wohl des Kollektivs zu unterstellen. Mit dem Konzept der Individualität konnten die meisten Menschen zu der Zeit wenig anfangen. Dem Handeln im Sinne der Gemeinschaft gab man den Begriff der Tugend, und Tugendhaftigkeit wurde gesellschaftlich gefördert und bewundert. Das hatte viele Schattenseiten – denn für individuelle Ziele, Sehnsüchte und Bedürfnisse gab es damals kaum Verständnis. Persönliche Freiheit war vielen Menschen kein Begriff. Doch es gab auch gute Seiten: So war die damalige Gesellschaft stark gemeinwohlorientiert. Dass dem Staat die zentrale Aufgabe der Sicherung des Gemeinwohls zukommt, war weitgehend Konsens und von der Regierung wurde (ganz im Sinne ihrer begrifflichen Herkunft, denn *regere* ist Lateinisch für lenken und leiten) die Übernahme einer aktiven, gestalterischen Rolle erwartet.[20]

Verändert hat sich all das erst mit Friedrich August von Hayek.

Hayek wuchs als Kind einer wohlhabenden Familie Anfang des 20. Jahrhunderts im „Roten Wien" auf, welches er mit seiner umfassenden Sozialpolitik und dem streng regulierten privaten Wohnungsmarkt als freiheitsraubend empfand. Er studierte Rechtswissenschaften und Ökonomie und zog später nach Großbritannien und in die USA. 1944 erschien sein Buch „The Road to Serfdom" (auf Deutsch: „Der Weg zur Knechtschaft"), in dem er über die Effizienz „freier" Märkte schreibt. Darin erklärt Hayek, dass es Freiheit (worunter er primär ökonomische Freiheit versteht) nur dann geben kann, wenn staatliche Eingriffe sich auf ein absolutes Minimum beschränken.[21] „Eine Verbindung zwischen Freiheit und Wirtschaftssystem herzustellen und klarzumachen, dass ‚Freiheit' die maximale wirtschaftliche Entscheidungsfreiheit des Individuums bedeute, darin bestand Hayeks wichtigstes Ziel."[22], so erklärt es der Ökonom und Politologe Philipp Lepenies. Ob Hayeks Freiheitsvorstellungen mit den Werten einer parlamentarischen Demokratie harmonieren, war für diesen zweitrangig. So sagte er in einem Interview: „Ich würde lieber zeitweilig auf Demokratie verzichten wollen [...], als ohne Freiheit leben zu müssen."[23] Mit dieser Meinung war Hayek Außenseiter unter den Intellektuellen seiner Zeit. Im Anhang seines Buches beschrieb er seine Ansichten sogar selbst als unmodisch und dezidiert unbeliebt. Das sollte sich jedoch bald ändern.

Denn während Hayeks Buch von der Kollegschaft heftig kritisiert wurde, machte Drehbuchautorin und Schriftstellerin Ayn Rand den Neoliberalismus mit ihrem Roman „The Fountainhead" in den USA massentauglich. Ayn Rand, die aus einer sehr wohlhabenden russischen Familie stammte, emigrierte 1926 als junge Erwachsene in die USA und wurde erfolgreiche Drehbuchschreiberin in Hollywood. Sie war aber vor allem eines: vehemente Verfechterin eines antistaatlichen Extremindividualismus. Ihre Ideologie goss sie zunächst in ein politisches Manifest. Als sie jedoch merkte, dass sie im Sachbuchbereich als Drehbuchautorin nicht ernst genommen wurde, entschloss sie sich, ihre philosophischen Positionen in einen Roman zu verpacken. Und tatsächlich: „The Fountainhead" wurde, obwohl Intellektuelle und Literaturkritiker*innen das Buch komplett verrissen, zu einem unfassbaren Publikumserfolg – und ist es bis heute. Um zu verstehen, wie extrem die darin übermittelten Ansichten sind, braucht man nur zwei Dinge zu wissen. Erstens verachtete Ayn Rand ihren neoliberalen Kollegen Friedrich August von Hayek zutiefst, weil er ihr nicht radikal genug war.[24] Zweitens bezeichnete sich Donald Trump 2016 in einem Interview als Fan von Ayn Rand und lobte ihren Roman öffentlich mit den Worten: „It relates to business, beauty, life and inner emotions. That book relates to ... everything."[25]

Nach dem Bestseller-Erfolg Ayn Rands kam es 1974 zum nächsten großen Meilenstein für die Verbreitung des Neoliberalismus. In dem Jahr wurde Hayek nämlich der „Wirtschaftsnobelpreis" verliehen und neoliberale Gedanken erhielten plötzlich so viel Aufmerksamkeit wie nie zuvor in Europa. Der Preis war aber weniger eine renommierte wissenschaftliche Auszeichnung als vielmehr ein politisches Projekt der schwedischen Zentralbank. Diese wollte nämlich die Zinsen erhöhen, wurde jedoch von der regierenden schwedischen Sozialdemokratie daran gehindert. Um ihren Einfluss zu vergrößern und ihre Autonomie zu stärken, rief die Zentralbank 1969 einen Preis ins Leben, durch den speziell marktliberale Denker*innen, die damals wenig angesehen waren, öffentlichkeitswirksam und finanziell gefördert werden sollten. Zwar ist der Preis den meisten als „Wirtschaftsnobelpreis“ bekannt, offiziell ist er aber als „Preis der Schwedischen Nationalbank in Wirtschaftswissenschaft in Erinnerung an Alfred Nobel“ zu bezeichnen. Denn vor der Einführung eines neuen Nobelpreises ist es notwendig, die Zustimmung der Familie Nobel einzuholen. Und diese weigerte sich, den Wirtschaftspreis anzuerkennen[26]. So beschrieb Peter Nobel, ein Nachfahre des Namensgebers Alfred Nobel, den Preis als „Kuckucksei im Nobelnest“ und beschwerte sich über dessen Öffentlichkeitswirksamkeit: „Der Wirtschaftspreis hat es sich [unter den anderen Preisen] gemütlich gemacht und wird vergeben, als handele es sich um einen richtigen Nobelpreis. Aber eigentlich war er nur ein PR-Coup von Ökonomen, mit dem sie ihren Ruf verbessern wollten.“[27] Ein Coup, der äußerst erfolgreich war. Denn durch die (wenn auch fälschliche) Verknüpfung mit Alfred Nobel wirkte die Wirtschaftswissenschaft für die breite Öffentlichkeit plötzlich wie eine „harte“ Wissenschaft, in der objektive Aussagen getroffen werden können, wie es in den Naturwissenschaften der Fall ist. Dass Wirtschaftswissenschaften Teil der Sozialwissenschaften sind und mit (strittigen) Annahmen und Prognosen arbeiten, schien auf einmal vergessen. Für Hayek bedeutete der Preis eine riesige Veränderung: Nachdem Hayek in den 1960er Jahren in der akademischen Welt weitgehend unbedeutend geworden war, wurden seine neoliberalen Ansichten nach der Preisverleihung als wissenschaftliche Glanzleistung gefeiert. Sein Einfluss reichte so weit, dass der Neoliberalismus bald darauf seinen Weg in die Politik fand.[28]

1979 wurde Margaret Thatcher Premierministerin des Vereinigten Königreichs und machte dort ein Jahrzehnt lang neoliberale Politik der Deregulierung und Privatisierung. Kurz darauf wurde Schauspieler Ronald Reagan zum Präsident der USA gewählt. Seine neoliberalen Auffassungen lassen sich schon aus seiner Antrittsrede zur Inauguration 1981 heraushören, wo er verkündete: „Government is not the solution to our problem, government is the problem."[29] Gemeinsam mit seinem Berater Milton Friedman malte er während seiner Präsidentschaft das Schreckgespenst des Sozialismus an die Wand und behauptete, dass (so gut wie) jede Form staatlichen Handelns Sozialismus sei. Insbesondere das Errichten einer gesetzlichen Krankenversicherung war ihm ein Dorn im Auge.[30] Seine Politik hatte weitreichende Folgen. So gibt es in den USA auch heute viele Menschen, die sich eine private Krankenversicherung nicht leisten können, die Zahl der nicht krankenversicherten (und damit medizinisch ungenügend versorgten) Menschen wurde 2020 auf knapp 30 Millionen geschätzt.[31]

Friedrich August von Hayek, Ayn Rand, Margaret Thatcher, Ronald Reagan und Milton Friedman – sie alle haben mit Hilfe von Think-Tanks, Lobbygruppen, Großunternehmen und Industriellenfamilien, dem „Wirtschaftsnobelpreis"-Komitee und den Medien[32] die Realität geschaffen, die wir heute als unseren Status Quo kennen. Hayek und seine neoliberalen Ideen werden an jeder Wirtschaftsuniversität ausführlich gelehrt, (meist) ohne kritisch hinterfragt zu werden. Da Wirtschaftswissenschaften zu den beliebtesten Studienfächern zählen, produzieren die Universitäten damit (gewollt oder nicht) jährlich zigtausende „Botschafter*innen des Neoliberalismus", die ihre neoliberalen Auffassungen dann in ihr Arbeitsumfeld hineintragen, falls das „Gewinner-Mindset" dort nicht eh schon vorherrschend ist. Auch die meisten Personen in den Chefetagen denken neoliberal – und das, obwohl neoliberale Thesen höchst unlogisch und empirisch kaum gestützt sind.

Schon die Zweiteilung von Bürger*innen und Staat – der Staat arbeitet gegen die Bürger*innen, ist gefährlich und sollte möglichst kleingehalten werden – zeugt von einem seltsamen Demokratieverständnis. Denn in einer Demokratie sind die Bürger*innen der Staat, und wenn ihre Repräsentant*innen sie in ihren Interessen nicht gut vertreten, können (und sollten) die Bürger*innen diese

mit ihrem Unmut konfrontieren und bei der nächsten Stimmenabgabe abwählen.[33]
Eine weitere neoliberale Ideologie, die bei näherer Betrachtung äußerst paradox erscheint, ist der Hyperindividualismus. Wir leben in einer Gesellschaft, die so arbeitsteilig und globalisiert ist wie nie zuvor. Nie waren wir so sehr von anderen Menschen abhängig und mit anderen Menschen verbunden. Die Überzeugung, man hätte sich seinen Erfolg „ganz allein selbst zu verdanken", hinkt daher gewaltig. Daran zu glauben, ist dennoch ein schöner Ego-Boost. Der Hyperindividualismus hat aber zwei Seiten: Wenn nämlich der eigene Erfolg (der natürlich an Geld, Macht und Prestige gemessen wird) völlig von einem selbst abhängig ist, dann ist man auch für die eigene Misere komplett selbst verantwortlich. Statt systemische Probleme zu beheben, können Politiker*innen an die „Eigenverantwortung" appellieren. Besonders prominent tat das Margaret Thatcher 1987 in einem Interview: „And, you know, there's no such thing as society. There are individual men and women and there are families. And no government can do anything except through people, and people must look after themselves first."[34] Das ist genau die Philosophie, die heute staatliches Nichtstun in der Klimakrise legitimiert.[35] Während nur 100 Unternehmen 71 % der Treibhausgas-Emissionen verursachen,[36] propagieren liberale und konservative Politiker*innen immerzu die

„Macht der Konsumenten". Aufrichtige Politik sieht anders aus.

Kritikwürdig ist auch das Menschenbild des „Homo Oeconomicus", das vielen theoretischen Modellen in den Wirtschaftswissenschaften zu Grunde liegt. Ökonomen gehen nämlich in der Regel davon aus, dass der Mensch rational im Sinne der Maximierung des Eigennutzens handelt und zeichnen damit ein äußerst egoistisches Menschenbild, dass sich empirisch so nicht nachvollziehen lässt. Denn dass Menschen häufig „irrational" (also nicht dem neoliberalen Weltbild entsprechend) agieren, wissen wir nicht nur aus unserem eigenen Leben, das bestätigen so auch die Erkenntnisse der Psychologie und Soziologie. Wir Menschen sind soziale Wesen, lassen uns von unseren Emotionen leiten und handeln in der Realität viel öfter solidarisch, als es Wirtschaftswissenschaftler*innen scheinbar für möglich halten.[37] Warum hält sich dieses Bild des Menschen als individualistisch-egoistischer Nutzenmaximierer dennoch so hartnäckig?

Über Jahrzehnte hinweg haben wir gelernt, dass hyperindividualistischer Neoliberalismus gesellschaftlicher Standard ist – und bleiben muss. So hat Margaret Thatcher als Premierministerin ihre Politik, die vom Abbau des Sozialstaats, neoliberalen Reformen und konservativen Wertvorstellungen geprägt war, durch das Wiederholen des immer gleichen politischen Slogan zu legitimieren versucht: „There is no alternative!“[38] Die Strategie dahinter ist effektiv. Denn bei allem, was alternativlos ist, hat man keine andere Wahl, als es widerwillig zu akzeptieren. Warum sollte man da noch klagen, demonstrieren oder aufbegehren?

Diese scheinbare Alternativlosigkeit haben viele Menschen mittlerweile so weit verinnerlicht, dass große Teile der Politik tatsächlich keine Visionen für einen aktiven, gestalterischen Staat mehr besitzen. Über Transformation, Umverteilung und Verbote traut sich keine Partei offen zu sprechen – obwohl das genau das ist, was Wissenschaftler*innen im Lichte der Klimakatastrophe und der dramatisch wachsenden sozialen Ungleichheit für absolut notwendig halten, um unsere Freiheiten zu erhalten. Der fehlende Mut zur (erforderlichen und aktiven) Veränderung zieht sich mittlerweile durch alle politischen Kräfte. So wollen auch progressive Parteien unter keinen Umständen als „die Verbotspartei“ gelten.[39] Die Folge ist eine Politik, die angesichts aller großen gesellschaftlichen Herausforderungen auf der Stelle tritt und im Ernstfall (wenn überhaupt) zeitverzögert reagiert, statt proaktiv zu gestalten. Oder wie Philipp Lepenies schreibt: „Sachargumente, die ganz nüchtern für oder gegen eine speziell geplante Verhaltenssteuerung durch Verbot und Verzicht sprechen können, werden gar nicht bemüht. […] Die Diskussion über das sachliche Für und Wider bestimmter Maßnahmen als elementarer Teil demokratischer Prozesse, eine Debatte in der Sache, findet nicht statt."[40]

Stattdessen wird die von Neoliberalen selbsternannte „Position der Freiheit“ als entpolitisiert vermarktet. Da der Neoliberalismus für weniger Staat plädiert, wirkt er für viele nämlich so, als ob er „über der Politik stehen“ würde und damit von objektiver Richtigkeit wäre. Mit Aussagen wie „Ich will, anders als andere, niemandem etwas verbieten!“ und „Meine Freiheit lasse ich mir nicht nehmen!“ wird suggeriert, Freiheit und progressive Politik seien miteinander im Widerspruch stehende Gegenpole. Während diese neoliberale Position medial meist unhinterfragt bleibt und ungestört den Status Quo stützt, müssen sich Kontrapositionen ständig erklären und rechtfertigen. Immer ist die Frage: Warum braucht es Veränderung? Was ist mit der Wirtschaft? Ist das realistisch? Ist das nicht radikal? In Anbetracht der wissenschaftlichen Erkenntnisse und der derzeitigen Datenlage wären aber vielmehr solche Fragen angemessen: Warum sträuben Sie sich so gegen Veränderung? Was ist mit den Menschen? Ist das nicht unverantwortlich? Ist das nicht gefährlich?

In vielen Bereichen ist die „Position der Freiheit“ immer noch Mainstream. Doch selbst wenn die freiheitliche Position rechtspopulistisch oder rechtsextrem ist, wird ihr viel Gehör geschenkt. Wenn Menschen von der „Ökodiktatur“ und dem „Corona-Regime“ sprechen oder Dinge behaupten wie „Die Migranten rauben uns unsere Freiheit“, bekommen sie medial viel Aufmerksamkeit. Dann nämlich ist von der „Spaltung der Gesellschaft“ die Rede, der man unbedingt dadurch entgegenwirken müsse, dass man „mit Rechten redet“. AfD- und FPÖ-Politiker*innen werden in Talkshows eingeladen, ihre Wähler*innen werden interviewt und es werden Dokus über rechtsextreme Zusammenkünfte gedreht. Dass das keinen Beitrag zu einem harmonischeren und demokratischeren Miteinander leistet, sondern im Gegenteil die Gesellschaft immer weiter spaltet, ist empirisch nachweisbar.

So schreibt Soziologin Franziska Schutzbach auf ihrem Blog trefflich: „Seit Jahren wird versucht, Rechtspopulisten argumentativ zu entlarven […] Aber es ist offensichtlich: sie wurden argumentativ nicht entkräftet, sondern je mehr AfD und Konsorten zu sehen waren, desto mehr wurden sie gewählt. […] sie gewinnen Sympathien, *weil* sie irrationale und menschenfeindliche Positionen vertreten, und *weil* sie projektive Ängste schüren.“[41] Sie schreibt weiter: „Gegen die ‚Politik der Gefühle‘ haben Argumente – das zeigt die sozialpsychologische Forschung – einen schweren Stand bis keine Chance. Menschen, die eine Affinität für Ressentiments haben […], werden nach einer Talkrunde mit rechtspopulistischer Beteiligung auch angesichts der besten Ge-

genargumente keine relevanten Verschiebungen weg von ihren Positionen machen, sondern sich dadurch, dass ihre Vorurteile in der Öffentlichkeit ausgesprochen werden, bestätigt fühlen. [...] Das Problem ist also nicht, dass solche [rechte, Anm. d. Autorin] Positionen zu wenig gehört werden, zu wenig präsent oder gar stigmatisiert wären und sich Menschen deshalb radikalisieren. Es wurde und wird ihnen permanent zugehört, sie werden dauernd beachtet. Es ist nicht ihre Zurückweisung, sondern vielmehr ein Willkommensdiskurs, der Rechtsextremismus wieder gesellschaftsfähig gemacht hat."[42]

Nachdem wir die letzten Jahre beobachten konnten, wie kontraproduktiv öffentlichkeitswirksames „mit Rechten reden" im Ergebnis ist, sollten wir ernsthaft den Status Quo hinterfragen: Wie viel Bühne geben wir bestimmten Menschen und Gruppierungen, die den Freiheitsbegriff für freiheitsgefährdende Ansichten missbrauchen? Welche Freiheitssehnsüchte kommen ins Rampenlicht und welche werden nicht beachtet?

Dauernd geht es um die Rechten, dabei fühlen sich eine Menge Menschen in unserer Gesellschaft ungenügend repräsentiert. Arme Menschen sind gesellschaftlich so ausgeschlossen, dass sie überproportional oft nicht wählen gehen. Viele Menschen mit Migrationshintergrund haben gar nicht die Möglichkeit, sich an der Demokratie, in der sie leben, zu beteiligen, auch wenn sie wollen würden. Gerade in Österreich ist es großen

Teilen der Bevölkerung wegen des antiquierten Staatsbürgerschaftsrecht (das eines der restriktivsten weltweit ist[43]) nicht möglich, ihre Stimme abzugeben. In Wien geht man von einer halben Million Menschen ohne österreichische Staatsbürgerschaft aus, so dass der Anteil der Menschen ohne Wahlrecht in einigen Bezirksteilen bei über 50 % liegt.[44] Wer kümmert sich um deren Freiheitsansprüche? Eine Studie des SORA-Instituts aus dem Jahr 2022 ergab zudem, dass sich nur 6 % aller 16- bis 26-Jährigen in Österreich von der Politik gut vertreten sehen. Zwei Drittel der jungen Menschen glauben nicht, dass ihre Stimme gehört wird.[45] Mit ihren größten Sorgen – Krieg (87 %), Klimakrise (67 %) und soziale Ungleichheit (59 %)[46] – fühlen sie sich allein gelassen. Auch Frauenpolitik bleibt bisher Nischen- statt Querschnittsthema. Egal ob es um Politik, Wirtschaft oder Medizin geht, Frauen sind in der Regel „mitgemeint". Dass das nicht funktioniert, zeigt sich (unter anderem) in Gewaltstatistiken, dem Gender Pay Gap und in weiblicher Altersarmut. Und wie ausgeschlossen fühlen sich erst all die Menschen, die psychische Krankheiten haben und monatelang auf Therapieplätze warten müssen oder mehrgewichtige Menschen, die tagtäglich mit Hass und Fatphobia[47] konfrontiert sind?

Und doch wird über all diese Menschen medial deutlich weniger berichtet als über „besorgte Bürger" und ihre sexistischen, rassistischen, homophoben und faschistischen Meinungen. Gesellschaftliche Spaltung ist nicht neu. Gespalten sind wir als Gesellschaft in vielerlei Hinsicht. Die Frage ist nur: Auf welche Spaltung schaut man? Und welche Spaltung lässt man sein?

Freiheitsansprüche gibt es viele. Doch nicht alles, was sich Freiheit nennt, muss Freiheit sein. Freiheit als Synonym für Egoismus und Rücksichtslosigkeit zu verwenden, sollte uns mittlerweile peinlich sein. Denn grenzenlose Freiheit wäre nur auf einer rein individuellen Ebene denkbar, und die gibt es in einer Gesellschaft so nicht. Im Gegenteil: Freiheit braucht die anderen. Freiheit ist nur durch andere und mit anderen möglich, findet doch fast jede Freiheitsausübung innerhalb einer von Menschen erbauten oder erhaltenen Infrastruktur statt. Nur durch jahrhundertelanges gesellschaftliches Zusammenwirken konnten wir überhaupt an einen Punkt kommen, an dem viele von uns ein kurzfristiges In-Ruhe-gelassen-Werden als Freiheit empfinden. Und selbst wenn wir uns mal zurückziehen, nutzen wir auch dann ständig Produkte und Dienstleistungen, die es ohne das Wirken anderer Menschen nicht gäbe.

Über Freiheit lässt sich daher nur sinnvoll nachdenken, wenn wir unsere gegenseitige Verbundenheit anerkennen – und zulassen. Wir sind nicht nur Teil einer Gesellschaft, wir tragen in ihr auch Verantwortung. Das zu verstehen, ist wichtig. Denn darauf erst kann echte Freiheit bauen.

Was ist Freiheit auf dem Papier wert?

Olivia ist bisexuell und fährt mit ihrer Freundin am Wochenende in die Therme. Eigentlich haben sich die beiden das Ganze als einen romantischen Ausflug vorgestellt. Doch als sie ins Wasser steigen und von schmusenden Hetero-Pärchen umrundet sind, fühlen sie sich wie gelähmt. Auf Papier ist es ihnen erlaubt, sich zu lieben und sich in der Öffentlichkeit zu küssen, wie es andere Paare auch tun. Trotzdem kostet es die zwei Frauen große Überwindung, sich im Wasser auch nur zu umarmen. Als sie sich doch einen Kuss geben, spüren sie sofort die Blicke der anderen. Ein Mann schwimmt auf die beiden zu, stellt sich knapp neben sie und beginnt sie lüstern anzustarren. Kurz darauf steigen Olivia und ihr Date aus dem Wasser, alle romantischen Gefühle sind wie weggeweht. Später erzählen die beiden ihren Freund*innen davon. „Man ist da einfach ein Sexobjekt für Männer – es war widerlich!“, sagt Olivia, die die Diskriminierung, die sie im Schwimmbad erlebt hat, rechtlich nicht geltend machen kann. Blicke, unangebrachte Annäherungen – das allein ist nicht strafbar, nicht sanktionierbar. Doch gerade das hinderte sie daran, die Freiheit auszuleben, die ihr dem Gesetz nach zusteht.

Situationen wie diese kennen viele von uns. Egal ob es Stigmatisierungen aufgrund der sexuellen Orientierung, des Geschlechts, der finanziellen Situation, der Hautfarbe, des Akzents, der Herkunft, der Religion, des Gewichts, des Aussehens, der physischen oder mentalen Gesundheit oder des Alters ist: Benachteiligung hinterlässt Spuren. Jede*r, der*die es schon mal erlebt hat, weiß: Gerade (!) scheinbar „kleine“ Diskriminierungen schränken enorm ein. Man ärgert sich über sie, man fühlt sich ausgeschlossen, objektifiziert, bedroht. Statt friedvoll seinem Alltag nachzugehen, wird man aus diesem herausgerissen. Das kostet nicht nur Energie und Zeit, das beeinträchtigt auch die eigene mentale Gesundheit erheblich. Natürlich will man solche Situationen möglichst vermeiden. Und so denkt man beim nächsten freien Wochenende dreimal nach, ob man wirklich wieder in die Therme fahren möchte ...

Dass wir heute mehr rechtliche Freiheit genießen als vor zehn, 20 oder 50 Jahren ist nicht wegzuleugnen. 1918 durften Frauen erstmals wählen gehen. 1975 durften Frauen in Österreich zum ersten Mal unabhängig von der Erlaubnis ihres Ehemannes arbeiten, in Deutschland war das 1977 der Fall. Bis 1989 war Vergewaltigung in der Ehe in Österreich straffrei – in Deutschland sogar bis 1997! Homosexuelle Handlungen waren bis zum Ende der 60er Jahre unter Strafe gestellt. Erst 2017 wurde die gleichgeschlechtliche Ehe in Deutschland erlaubt, in Österreich ist das 2019 passiert. Und auch Antidiskriminierungsgesetze zum Schutz von Rassismus und Fremdenfeindlichkeit gibt es erst seit wenigen Jahrzehnten.

Es ist nicht lange her, dass vielen von uns selbst die grundlegendsten Freiheiten verwehrt waren. Zwar bleibt auf rechtlicher Ebene noch viel zu tun (Reformierung des Staatsbürgerschaftsrechts, Entkriminalisierung von Schwangerschaftsabbrüchen und vieles mehr). Doch auch in den Bereichen, wo sich auf gesetzlicher Ebene einiges verändert hat, stellt sich die Frage: Ist rechtliche Gleichstellung ausreichend, um Freiheit für alle sicherzustellen?

Dass die Antwort darauf nur Nein sein kann, zeigt sich mit Blick auf die fehlende Gleichberechtigung zwischen Mann und Frau deutlich. Rechtlich sind Frauen und Männer in vielen Bereichen weitgehend gleichgestellt. Faktisch aber sind wir von Gleichberechtigung weit entfernt! So geht der Global Gender Gap Report 2021 des World Economic Forum davon aus, dass es – wenn wir im gleichen Tempo wie bisher Fortschritte machen und es keine großen Rückschläge gibt – noch mindestens 136 Jahre dauern wird, bis Frauen gleichberechtigter Teil der Gesellschaft sein werden.[48] Wie groß die Diskrepanz zwischen der rechtlichen und der tatsächlichen Lage von Frauen und Mädchen ist, zeigt sich in allen Lebensbereichen.

Zwar gibt es Antidiskriminierungsgesetze, wodurch Betroffene Ungleichbehandlung bei der Arbeitssuche und am Arbeitsplatz rechtlich ahnden lassen können. Trotzdem bleibt der Gender Pay Gap erschreckend groß. So verdienen Frauen in Österreich pro Stunde 18,9 % weniger als Männer. In Deutschland sind es 18,3 %. Österreich schneidet damit als drittschlechtestes Land der EU ab, Deutschland erreicht den viertschlechtesten Platz. In beiden Ländern liegt der geschlechtsbezogene Lohnunterschied deutlich über dem EU-Schnitt von 13,0 %.[49] Was das in der Praxis bedeutet, zeigt eine Studie der Ersten Bank aus dem Jahr 2018. In dieser stimmten acht von zehn Frauen in Österreich der Aussage zu, dass ihnen finanzielle Unabhängigkeit in der Beziehung wichtig sei (während nur sechs von zehn Männern das bejahten). Doch zugleich gaben sechs von zehn Frauen an, dass ihr männlicher Partner Hauptverdiener sei. Und sieben von zehn Frauen sagten, dass sie ihren derzeitigen Lebensstandard allein nicht halten könnten. Aus der Studie geht zudem hervor, dass Frauen deutlich häufiger Sorge hätten, ihr Einkommen zu verlieren.[50]

Rechtlich steht es allen Menschen frei, Vollzeit oder Teilzeit zu arbeiten, Erwerbsarbeit oder unbezahlte Sorgearbeit zu übernehmen. Faktisch leisten Frauen jedoch deutlich mehr unbezahlte Arbeit (Kinderbetreuung, Kranken- und Altenpflege) als Männer und leiden unter Doppelt- und Mehrfachbelastung.[51] Das wirkt sich auch auf die Pension aus. Denn wer sich 40 Jahre lang um Haushalt, Kinder und pflegebedürftige Angehörige gekümmert hat, dessen Arbeitsleistung wird von der Pensionsversicherung kaum berücksichtigt.[52] Mit dem wenigen Geld, das der Staat einer Frau in einem solchen Fall zuspricht, lässt sich nicht leben – zumindest nicht allein. Doch auch bei Frauen, die ihre Berufslaufbahn nur wenige Jahre für die Kinderbetreuung unterbrochen und dann in Teilzeit fortgeführt haben, beträgt die Pension oft nicht mehr als einige hundert Euro im Monat.[53] Im Schnitt bekommen Frauen in Österreich ganze 42 % weniger Pension als Männer.[54]

Gesetzlich sind Frauen wie Männer vor Gewaltdelikten geschützt, faktisch aber werden Frauen – aufgrund ihres Geschlechts – erschreckend häufig Opfer männlicher Gewalt. Eine Studie der Agentur der Europäischen Union für Grundrechte (FRA) ergab 2014, dass bereits ein Drittel aller Frauen und Mädchen von über 15 Jahren sexuelle und/oder physische Gewalt erleben mussten.[55] Auch die europäische Kriminalstatistik für 2019 verzeichnete eine Zunahme an Sexualverbrechen bei gleichzeitigem Rückgang an anderen Verbrechen wie Mord und Diebstahl. Doch obwohl die Mordrate sinkt, bleibt ein großer Teil der Mordopfer Frauen. So waren 2019 EU-weit ein Drittel der Mordopfer Frauen, in Österreich waren es sogar in über 50 % der Fälle weibliche Opfer. Nur in Zypern, Lettland und Malta werden noch mehr Frauen umgebracht.[56]

All das zeigt: Nur weil einem als Frau rechtlich Freiheiten gewährt werden, heißt das noch lange nicht, dass diese Freiheiten auch tatsächlich in Anspruch genommen werden können. Denn die traurige Realität ist die, dass Frauen deutlich vorsichtiger durchs Leben gehen müssen, als Männer es tun. Und selbst wenn man beim Ausgehen wachsam bleibt, nachts bestimmte Orte meidet, nach einem möglichst liebevollen und loyalen Partner sucht und im Job alles gibt, kann es durchaus sein (und mit Blick auf die Statistik ist es sogar nicht besonders unwahrscheinlich), dass man traumatisiert, ausgebrannt und verarmt übrigbleibt. Oder gar tot.

Diese schockierenden Zahlen und Fakten machen eines deutlich: Rechtliche Freiheit kann immer nur ein erster Schritt sein. Nur wenn wir es allen Menschen ermöglichen, die Freiheiten auszuleben, die ihnen ihren Grundrechten nach zustehen, können wir von echter Freiheit sprechen. Die Aufgabe der Politik sollte es sein, genau das zu ermöglichen. Dass jedoch gerade die Parteien, die sich am lautesten zur „Freiheit" bekennen, mit ihren politischen Programmen zugleich große Teile der Bevölkerung von ebendieser Freiheit ausschließen, ist empörend. Gerade wenn man bedenkt, dass nicht nur Frauen enorm benachteiligt sind, sondern viele andere gesellschaftliche Gruppen! Denn Ausgrenzung, Stigmatisierung und Demütigung erfahren leider auch PoC[57], Migrant*innen, Muslim*innen, LGBTQIA*, jüdische Menschen, arme Menschen, mehrgewichtige Menschen, Menschen mit Behinderung, psychisch kranke Menschen, junge Menschen und viele, viele mehr. Zählt man all diese Personen zusammen, kommt man auf eine deutliche Mehrheit an Menschen, die in unserer Gesellschaft durch unterschiedliche Formen von Diskriminierung nicht in der Lage sind, ihre Freiheiten so zu nutzen, wie es ihnen grundrechtlich zustehen würde. In anderen Worten: Die meisten Menschen können von der Freiheit, wie sie für einige Bevölkerungsgruppen selbstverständlich ist, nur träumen.

Das ist nicht nur traurig, das ist ein Skandal!

Doch der große Aufschrei, die große Revolte bleibt aus. Zwar bildeten sich mit Fridays For Future und Black

Lives Matter zwei weltweit bestehende gesellschaftspolitische Bewegungen, die vor allem junge Menschen mitreißen und sie mit ihrem Frust, ihrer Trauer, Wut und Hoffnung auf die Straße bringen. Trotzdem bleiben viele der Menschen, deren Lebensqualität durch Diskriminierung massiv gemindert wird, passiv. Das hat einerseits Ressourcen-Gründe: Denn um zu demonstrieren, muss man die Option haben, einen Tag der Arbeit fernbleiben zu können, ohne gleich eine existenzbedrohende Kündigung befürchten zu müssen. Zudem braucht Aktivismus Zeit und Energie. Es ist daher klar, dass jemand, der sich von früh bis spät um Kinder, Haushalt und kranke Angehörige kümmert, sich nicht mit Politik, sondern in erster Linie mit der Bewältigung des eigenen Alltags beschäftigt.

Doch was ist mit all den anderen von Diskriminierung Betroffenen? Viele haben zwar einen vollen Alltag, wären aber im Rahmen ihrer zeitlichen, finanziellen, mentalen und physischen Möglichkeiten durchaus in der Lage, für gesellschaftspolitische Veränderung einzustehen. Veränderung, von der sie massiv profitieren würden. Was also hindert sie daran?

Die Zwänge, denen wir heute unterstehen, sind deutlich komplexer, als sie es früher waren. Während man vor einigen Jahrzehnten wusste, dass *genau dieses eine Gesetz* dasjenige war, das einen daran hinderte, wählen oder arbeiten gehen zu können, läuft Unterdrückung heute meistens subtiler, vielfältiger und unübersichtlicher ab. Und genau diese Komplexität bringt viele Menschen dazu, Diskriminierung als ein individuelles Problem wahrzunehmen, statt es als systemisches und damit inhärent politisches Thema zu begreifen. Wie sehr die eigene Freiheit von Ressourcen und Privilegien abhängt, lässt sich gut an drei essenziellen Lebensbereichen festmachen: Arbeit, Wohnen und Gesundheit.

Gerade in den letzten Jahren und Jahrzehnten hat sich aufgrund der Digitalisierung, der Globalisierung und der Corona-Pandemie am Arbeitsmarkt vieles geändert. So haben viele Menschen von ihren Arbeitgeber*innen die Möglichkeit bekommen, im Homeoffice zu arbeiten. Sie können sich ihre Arbeitszeit flexibler einteilen und müssen nicht mehr tagtäglich ins Büro pendeln. Wenn an einem Nachmittag die Sonne scheint, haben sie die Freiheit, sich spontan in den Garten zu setzen oder mit dem Hund eine Runde laufen zu gehen. Einigen Menschen ist es durch Teleworking sogar möglich geworden, in ein anderes Land zu ziehen oder als Digital Nomads[58] durch die Welt zu reisen. Dieser neue Grad an Selbstbestimmung stellt für viele Menschen einen enormen Gewinn an persönlicher Freiheit dar.

Doch eben nicht für alle. Denn Homeoffice macht nur für diejenigen Sinn, in deren Zuhause es einen ruhigen Arbeitsort gibt – und ist in vielen Berufssparten (nämlich bei allen Nicht-„Bürojobs“) ohnehin keine Option. Und auch sonst sieht der heutige Arbeitsmarkt für viele Menschen wenig rosig aus. So sind allein in Österreich (einem Land mit knapp 9 Millionen Einwohner*innen) laut Statistik Austria fast 1,2 Millionen Menschen atypisch beschäftigt. Besonders Frauen sind davon betroffen: Fast jede zweite Frau befindet sich in einem atypischen Arbeitsverhältnis. Darunter versteht man all jene Beschäftigungsverhältnisse, die vom (ehemals?) klassischen Normalarbeitsverhältnis, nämlich der unbefristeten Vollzeitbeschäftigung, abweichen. Dazu gehören Teilzeit, Leiharbeit, Befristungen, geringfügige Beschäftigung, freie Dienstverträge, „neue Selbstständige“ und digitale Arbeitsformen. Nicht jedes atypische Arbeitsverhältnis ist automatisch prekär. Umgekehrt sind viele prekäre Arbeitsverhältnisse aber schon atypisch.[59] Das erscheint schlüssig, wenn man bedenkt, dass Teilzeit-Beschäftigung für viele Frauen zur „Armutsfalle“ wird und sie oftmals mit nur einigen hundert Euro monatlicher Pension zurücklässt.[60] Wer scheinselbstständig ist (wie es etwa bei Essenszusteller*innen und Uber-Fahrer*innen der Fall ist), muss seine Arbeitsutensilien selbst zur Verfügung stellen und ist nicht sozialversichert.[61] Dass Leiharbeiter*innen häufig zu sehr schlechten Konditionen für extrem wenig Geld schuften müssen, macht immer wieder traurige Schlagzeilen.[62] Zudem ergab eine Anfragebeantwortung der deutschen Bundesregierung aus dem Jahr 2018 zum Thema befristete Arbeitsverträge, dass vor allem junge Frauen von Befristungen betroffen sind. Wer weiblich und unter 25 Jahre alt ist, wird überproportional oft nur befristet angestellt. Das drängt junge Frauen nicht nur in finanziell unsichere Lebenssituationen, es hindert sie auch daran, Pläne für die Zukunft machen zu können – und nimmt ihnen damit ein gutes Stück Freiheit und Selbstbestimmung.[63]

Der derzeitige Arbeitsmarkt bietet für einige Menschen mehr Freiheit als je zuvor, während er anderen durch schlechte Bezahlung, unsichere Verträge und ausgedehnte Arbeitszeiten viel Freiheit nimmt. Ob eine Person von Homeoffice, Arbeitszeitflexibilisierung und neuen Vertragstypen profitiert oder nicht, hängt in erster Linie davon ab, wie privilegiert sie ist. Ist man ein weißer Mann aus finanziell stabilen Verhältnissen oder eine mehrfachdiskriminierte PoC-Frau mit Fluchtgeschichte? Was der eine als einen enormen Freiheitsgewinn wahrnimmt, kann für die andere ein freiheitsgefährdender Unsicherheitsfaktor sein.

Zum zweiten Beispiel: Wohnen. Die Lebenshaltungskosten sind enorm gestiegen. Durch den russischen Angriffskrieg auf die Ukraine hat sich Europas Abhängigkeit von russischem Gas und Öl (für manche unerwartet, für andere wenig überraschend) als großer geostrategischer Fehler herausgestellt, denn dadurch explodierten in weiterer Folge die Energiekosten. Da man für beinahe jedes Produkt und jede Dienstleistung Energie benötigt, wird alles immer teurer. Europa erlebt damit die höchste Inflation seit Jahrzehnten. Wie hoch die Lebenshaltungskosten mittlerweile sind, entgeht kaum noch jemandem. Lebensmittel, Hygieneartikel, Alltagsgegenstände, Warmwasser, Heizen – für die meisten Menschen ist das Leben spürbar teurer und für manche geradezu unleistbar geworden.

Wie weit gängige Freiheitsversprechen und -sehnsüchte von der Realität der meisten Menschen mittlerweile entfernt sind, wird beim Thema Wohnen evident. Früh von zu Hause ausziehen, eine eigene Wohnung mieten und einige Jahre später ein Einfamilienhaus für die eigene Kleinfamilie bauen – all das bleiben gesellschaftlich erwartete und gepriesene Meilensteine und Erfolgsmarker, die einem Sicherheit, Status und Freiheit versprechen. Wer in Stadtnähe wohnt, Eigentum besitzt und in Immobilien investiert, hat es geschafft – oder doch nur reich geerbt?

Denn bei den derzeitigen Immobilienpreisen braucht es für den Wohnungs- bzw. Hauskauf das ganz große Vermögen. Mit einem stabilen Einkommen und einem Sparbuch kommt man heute nicht mehr weit. Auch die Mieten steigen seit Jahren, so dass sich gerade Städter*innen immer schwerer damit tun, eine einigermaßen erschwingliche Wohnung zu finden. Gerade angesichts der Inflation und der Energiepreise ist Wohnen für viele Menschen ein großer Unsicherheitsfaktor und Sorgenmacher – und wenn überhaupt, dann nur noch in leisen Sehnsuchtsmomenten mit Freiheit verbunden.

Doch nicht nur anhand von Arbeit und Wohnen, auch am Beispiel mentale Gesundheit lässt sich zeigen, dass Freiheit (leider) oft eine Ressourcenfrage ist. Mental Health ist seit der Corona-Pandemie in aller Munde. Kein Wunder! Eine Studie aus dem Jahr 2021, in welcher österreichweit Schüler*innen im Alter von 14 bis 20 Jahren befragt wurden, ergab, dass 62% der Mädchen und 38% der Burschen/Jungen eine mittelgradige depressive Stimmung aufwiesen. Rund 20% der Mädchen und 14% der Burschen/Jungen gaben zudem an, an wiederkehrenden Suizidgedanken zu leiden.[64] Da gerade junge Menschen immer häufiger unter enormen emotionalen Belastungen und psychischen Krankheiten leiden, haben sie sich in den sozialen Medien Orte des Austausches und der Destigmatisierung geschaffen. Auf Instagram und TikTok erzählen viele von ihren persönlichen Erfahrungen, teilen (mehr oder weniger akkurate) Informationen und bieten einander Unterstützung. Doch auch wenn die Atmosphäre in den sozialen Netzwerken zu großen Teilen positiv und stärkend ist: Wer eine Essstörung hat, an Depressionen oder Panikattacken leidet, ist leider längst nicht so von Stigma und Diskriminierung befreit, wie man – mit Blick auf TikTok und Co. – annehmen könnte. Denn während sich in den jungen Generationen viel tut, ist das Umfeld der Jugendlichen oft weniger verständnisvoll. So gibt es nach wie vor viele Eltern, die ihre Kinder davon abhalten, in Psychotherapie zu gehen. Statt ihre psychische Verfassung ernst zu nehmen, kommen sie mit gut gemeinten Sprüchen wie: „Iss doch einfach normal!", „Setz dich in die Sonne, dann geht's dir gleich besser" und „Atme einfach mal tief durch". Dass solche Stehsätze nicht helfen, sondern im Gegenteil enorm schaden können – davon kann wohl jede*r (ehemals) Betroffene ein Lied singen. Doch selbst wenn man sich als betroffene Person trotz des hemmenden Umfelds und des internalisierten Stigmas zu der Entscheidung durchgerungen hat, in Therapie zu gehen, stehen einem die größten Hürden noch bevor. Denn in Österreich und Deutschland gibt es kaum von der Krankenkasse finanzierte Therapieplätze. Obwohl Psychotherapie eine notwendige, oft sogar überlebensnotwendige Gesundheitsleistung darstellt, haben viele psychisch kranke Menschen praktisch keinen Zugang zu psychotherapeutischer Hilfe. Denn die Nachfrage übersteigt das – durch Kontingentierung staatlich beschränkte – Angebot an Kassentherapieplätzen bei weitem. Laut Erfahrungsberichten müssen Betroffene bis zu einem Jahr auf therapeutische Hilfe warten.[65]

Das ist ein Freiheitsthema! Denn psychische Krankheiten sind extrem freiheitseinschränkend. Sie nehmen einem Kraft, Zeit und Lebensfreude und können einem das Leben zur Hölle machen. Oft ist in Therapie gehen, Trauma aufarbeiten und bessere Selbstfürsorge lernen der einzige Weg zurück zur eigenen (mentalen) Freiheit. Doch diese Freiheit hat leider ihren Preis. Wer nämlich nicht monate- oder jahrelang auf Unterstützung warten will, der muss zahlen. Tatsächlich werden die meisten Psychotherapieeinheiten in Österreich von den Patient*innen privat gezahlt. Eine Therapieeinheit kostet etwa 70 bis 150 Euro.[66] Wenn man einmal pro Woche für ein Jahr (abzüglich fünf Wochen Urlaub) in Therapie ist, dann sind das 3290 bis 7050 Euro, die man aus eigener Tasche bezahlen muss, um sich psychisch über Wasser zu halten. Wird eine Diagnose gestellt, erstattet die Krankenkasse zwar einen Teil der Therapiekosten zurück. Trotzdem: Statt ein Grundrecht für alle zu sein, ist psychische Gesundheit eine Frage des Geldes.

Aber auch wenn man das nötige Geld hat, um sich Psychotherapie leisten zu können, bleibt eine große Herausforderung bestehen: den*die richtige Therapeut*in finden. Denn gerade PoC, Menschen mit Migrations- oder Fluchtgeschichte, LGBTQIA*, Menschen aus der Arbeiter*innenklasse, Menschen mit Armutsgeschichte, mehrgewichtige Menschen und Menschen mit Behinderung tun sich oft schwer, ein informiertes, empathisches

Gegenüber zu finden, mit dem sie auf einer Wellenlänge sind. Viele Therapeut*innen sind sehr privilegiert und von der Lebensrealität der Betroffenen so weit entfernt, dass Gespräche über Rassismus, Klassismus, Genderdysphorie[67], Fatphobia und Ableismus[68] wenig sinnvoll oder gar re-traumatisierend sein können.[69] Dass die meisten Therapeut*innen weiß und aus wohlhabenden Verhältnissen sind, erscheint mit Blick auf die Kosten der Therapieausbildung logisch. Wer Psychotherapeut*in werden will, muss die Ausbildung nämlich zur Gänze privat zahlen – eine staatliche Ausbildungsmöglichkeit gibt es (bisweilen) nicht. Und das ist nicht gerade billig! Insgesamt müssen werdende Therapeut*innen rund 60.000 Euro in ihre mehrjährige Ausbildung investieren, hinzu kommen in der Regel noch Kosten für Selbsterfahrung und Supervision.[70] Diese finanzielle Barriere verunmöglicht es vielen Menschen, Therapeut*innen werden zu können und macht es Betroffenen unnötig schwer, passende Hilfe zu finden und zu einem Leben in Freiheit (zurück) zu finden.

Arbeit, Wohnen und mentale Gesundheit – an allen drei Lebensbereichen lässt sich zeigen: Auf Papier gewisse Freiheiten zu haben, reicht nicht aus. Denn um rechtliche Freiheit wahrnehmen zu können, müssen die realen Voraussetzungen stimmen. Freiheitsausübung braucht Ressourcen. Derzeit können nur diejenigen ihre gesetzlichen Freiheitsansprüche in die Realität umsetzen, die erstens die nötigen finanziellen und materiellen Ressourcen dafür besitzen: ein hohes Einkommen, ein großes Vermögen, geerbte Immobilien. Und die zweitens nicht strukturell diskriminiert werden, also in der Regel weiße, heterosexuelle Männer sind. Mängel in der staatlichen Versorgung – wie ungenügend Kinderbetreuungseinrichtungen und fehlende Pflegekapazitäten – treffen sie nicht (denn dafür ist „eh die Frau zuständig") oder sie können diese mit Geld ausgleichen: Die Altersvorsorge ist das eigene Vermögen, für Therapie wird gezahlt und für die Kinderbetreuung eine Nanny eingestellt.

Wer dermaßen privilegiert ist, kann sein rechtliches Freiheitspotential komplett nutzen, während alle anderen in der Illusion weiterbaden, es irgendwann auch „dahin zu schaffen". So ist zumindest der Status Quo. Doch in dieser zutiefst ungerechten Welt wollen wir übermorgen bestimmt nicht mehr leben! Es muss also auch anders gehen. Nur wie?

Freiheit für alle kann es nur geben, wenn strukturelle Diskriminierung eingedämmt wird und infrastrukturell-gesellschaftliche Ressourcen massiv ausgebaut werden. Was es braucht? Faire Entlohnung, genügend leistbare Wohnfläche, ausreichend kassenfinanzierte Psychotherapie, flächendeckende Ganztags-Kinderbetreuungseinrichtungen, verlässliche staatliche Altersvorsorge und vieles mehr.

Doch nicht alle Entscheidungsträger*innen haben ein Interesse daran, sich mit der tatsächlichen Freiheit, dem real Umsetzbaren zu beschäftigen. Wie bisher nur auf die rechtliche Freiheit zu schauen, ist als Gesellschaft – und insbesondere für die Politik – nämlich die deutlich bequemere Herangehensweise. So bleiben viele Problemfelder verdeckt, viele politische Aufgaben fallen weg. Es ist einfacher, das Bild der faulen Arbeitslosen zu zeichnen und Migrant*innen als gesellschaftliche Parasiten zu brandmarken, als strukturelle Maßnahmen einzuführen. Es ist angenehmer, Hausfrauen individuell die Schuld für ihre finanzielle Notsituation zu geben, als fehlende Kinderbetreuungseinrichtungen als ein gesellschaftspolitisches Versagen anzuerkennen und auf systemischer Ebene Veränderung einzuläuten.

Eine Gesellschaft, in der Freiheit ein Verwirklichungsbegriff und nicht nur eine Beschreibung des abstrakt Möglichen ist, kann es geben. Doch dafür müsste sich einiges verändern. Wir hätten keine Sündenböcke mehr, keinen Fingerzeig, kein nach unten treten. Stattdessen würden wir mehr aufeinander achten, häufiger unsere eigenen Einstellungen reflektieren und es uns zur Gewohnheit machen, Machtstrukturen zu hinterfragen. Das wäre bestimmt ganz schön anstrengend. Aber auch ganz schön großartig. Oder?

Meinungsfreiheit – (k)ein Freipass für Diskriminierung

Wer über Freiheit nachdenkt, kommt an dem Begriff der Meinungsfreiheit nicht vorbei. Das macht Sinn, ist doch die Meinungsfreiheit, also das Recht auf freie Meinungsäußerung, eines der integralen Freiheitsrechte in der Demokratie. Doch wenn in Podcasts, in Talkshows und im Parlament bzw. im Bundestag das Wort „Meinungsfreiheit" fällt, geht es nur selten um Belarus, Russland oder China. Viel öfter geht es um die „Meinungsdiktatur im eigenen Land" und um die Frage: Nehmen uns progressive Veränderungsprozesse unsere Freiheit weg? Seit Jahren äußern sich Intellektuelle wie weniger Intellektuelle dazu leidenschaftlich. Philosophen, Journalisten, Politiker, Kabarettisten, Schriftsteller (und ja, es sind vor allem Männer) – sie alle fühlen sich in ihrer Freiheit beschnitten und tun es laut kund.

Statt Menschen, die jahrhundertelang systematisch unterdrückt und dehumanisiert wurden, zu respektieren, bestehen die (selbsternannten) Intellektuellen darauf, PoC mit den herabwürdigenden und beleidigenden Begriffen anzusprechen, die mit derer Versklavung und Ermordung untrennbar in Verbindung stehen. Die Talkshow-Experten wollen es sich nämlich nicht nehmen lassen, das N-Wort[71] und das Z-Wort[72] weiter auszusprechen. Dass sie dafür in der Kritik stehen, finden sie ungeheuerlich: „Von einer linken Sprachpolizei lassen wir uns keine Sprechverbote auferlegen!"

Sich selbst zu hinterfragen, kommt ihnen nicht in den Sinn. Statt auf die Argumente derjenigen einzugehen, die ihr Verhalten beanstanden, versuchen die „öffentlichen Intellektuellen" ihre Kritiker*innen mit populistischen Angstnarrativen zu delegitimieren. Wenn junge Menschen mit Black Lives Matter auf die Straße gehen und Rassismus zum Thema machen, dann kontern die sogenannten Experten nicht inhaltlich, sondern mit Stehsätzen: „Der Minderheitenterror muss endlich aufhören. Sollen sie doch zurück in ihr Land, wenn es ihnen hier nicht gefällt!" Überhaupt seien junge Menschen heute „verweichlicht" und „übersensibel" und hätten die Fähigkeit verloren, andere Meinungen zuzulassen.

Auch dass Frauen seit Jahrtausenden unterdrückt werden und Feminismus und Freiheit zusammengehören, sehen die Schauspieler, Schriftsteller und Politiker nicht ein. Stattdessen klagen die öffentlichkeitsbekannten Männer über den „Genderwahn“ und die „elende Quote“. Als 2017 durch #MeToo Millionen Frauen weltweit von traumatisierenden sexuellen Übergriffen und Gewalterfahrungen berichteten, fürchteten die männlichen Talkshowgäste den Untergang der Kommunikation zwischen Mann und Frau und stellten eine Gegenfrage: „Darf man heutzutage denn überhaupt noch flirten?“.

Neoliberale, Konservative und Rechte (aber nicht nur die!) sehen die Meinungsfreiheit in Österreich und Deutschland in Gefahr. Schuld daran sei die „Political Correctness“ und „Zensur“. Wer seine Meinung abseits vom gesellschaftlichen Mainstream frei ausdrücken wolle, würde dafür sanktioniert. Durch Karriereeinbußen, durch Kündigungen, durch gesellschaftliche Isolation. So ihre Theorie. Tatsächlich gibt es dafür keine empirischen Anhaltspunkte. Allein der Fakt, dass immer und immer wieder die gleichen Personen in den Talkshows sitzen und sich darüber beklagen, sie könnten ihre Meinung nicht frei artikulieren, mutet absurd an. Doch die vielen Wiederholungen zeigen Wirkung. Ganz nach dem Motto „Wo viel Rauch ist, muss auch Feuer sein!“ glauben nämlich mehr und mehr Menschen an eine „Tyrannei der Minderheit“.[73] Es scheint, als ob so viele Menschen wie noch nie progressive Bewegungen wie Feminismus, Anti-Rassismus, LGBTQIA*, Fat Liberation und Klima-Aktivismus als Gefahr für die eigene Lebensweise, die eigene „Freiheit“ wahrnehmen. So ergab eine Allensbach-Umfrage aus dem Jahr 2021, dass nur 45% der Deutschen der Aussage zustimmen, man könne seine politische Meinung frei sagen. 44% meinen hingegen, man müsse vorsichtig sein – das ist der höchste Wert seit der ersten Umfrage 1953. Als „heikle Themen“ identifizierten die Befragten die Schlagworte Muslime, Islam, Vaterlandsliebe, Patriotismus sowie Emanzipation.[74]

Doch auch wenn das Ergebnis der Allensbach-Umfrage auf den ersten Blick überrascht: Das Unbehagen gegenüber progressiven Veränderungsprozessen, wie es in der Umfrage zum Ausdruck kommt, ist nicht so schockierend neu, wie es medial häufig portraitiert wird. Im Gegenteil: Fortschrittliche Bewegungen und Veränderungen haben immer schon enorm viel Widerstand erfahren.

Bestes Beispiel – Kinderarbeit. Zur Zeit der Industrialisierung setzte man Kinder für die Fabrikarbeit ein. Sie galten nicht nur als besonders billige Arbeitskräfte, Kinderarbeit erschien damals als geradezu notwendig – denn nur Kinder waren klein genug, um unter oder zwischen laufende Maschinen(teile) zu kriechen und herabfallendes Material fortzuschaffen oder Wartungen zu erledigen. Viele Kinder arbeiteten unter der ständigen Lebensgefahr, von tonnenschweren Maschinen zerquetscht zu werden. Doch es waren nicht moralische Bedenken, die letztlich zum Verbot von Kinderarbeit führten, sondern politische und ökonomische Probleme. Unter anderem waren viele Jugendliche durch die schrecklichen Arbeits-, Wohn- und Ernährungsverhältnisse körperlich und psychisch so zerstört, dass das Militär Schwierigkeiten hatte, ausreichend taugliche Soldaten zu finden.[75]

Ein anderes Beispiel dafür, mit wie viel Gegenwehr Maßnahmen, die uns heute selbstverständlich erscheinen, in der Vergangenheit konfrontiert waren, ist das Frauenwahlrecht. Während die Frauenbewegung ab 1900 immer stärker wurde, entstand bald darauf der „Deutsche Bund zur Bekämpfung der Frauenemanzipation". Dieser bestand aus konservativ-rechten Bürger*innen aus der Mittel- und Oberschicht, ein Viertel der Mitglieder waren Frauen. Die Gegner*innen des Frauenwahlrechts warnten vor „radikalem Demokratismus". Zudem behaupteten sie, dass die meisten Frauen das Wahlrecht gar nicht wollen würden. Die Befürworterinnen des Frauenwahlrechts wurden diffamiert. So heißt es in einer der Schriften: „Die Trägerinnen der Emanzipationsbestrebungen seien ‚zum allergrößten Teil ledige Frauen' und als solche ‚in der Entwicklung stehen [geblieben]‘; diese Frauen seien ‚nie zu voller Menschenblüte‘ gelangt, so dass ‚ihr Urteil über Frauenglück deshalb nicht maßgebend sein‘ könne.“ Die Gegner*innen des Frauenwahlrechts erklärten weiters, Frauen seien körperlich und geistig (Stichwort: Hysterie) nicht in der Lage zu demokratischer Teilhabe. Diese Sichtweise war damals stark verbreitet. So erschien zeitgleich das Buch „Über den physiologischen Schwachsinn des Weibes“ des deutschen Neurologen und Psychiaters Paul Julius Möbius, welches große öffentliche Aufmerksamkeit erreichte und in vielfacher Auflage gedruckt wurde. Auch die Tatsache, dass die Frauenbewegung international vernetzt war, war für viele zu der Zeit Grund genug für Skepsis und Ablehnung. So hieß es, die Frauenbewegung „sei kein deutsches Gewächs, sie stammt aus dem Auslande und ist besonders durch die internationalen Frauenkongresse bei uns eingeschmuggelt worden.“[76]

Diese Debatten erscheinen aus heutiger Sicht absurd. Doch so wie fortschrittliche Bewegungen damals großen Widerstand auslösten, erfahren progressive Ideen auch weiterhin viel Zurückweisung und Hass. Das macht Sinn – immerhin geht es bei gesellschaftspolitischer Veränderung immer um Verteilungs- und damit Machtfragen! Und wer vom Status Quo profitiert, hat natürlich wenig Interesse daran, diesen zu verändern. Oder wie es Politikwissenschaftler Jan-Werner Müller schreibt:

„Wer erst gar nicht über Macht reden will, hat sie meist selber inne."[77]

Diskussionen über Macht, Geld und Ausgrenzung gab es früher deutlich weniger oft als heute. Noch vor einigen Jahrzehnten konnte man Kritik, neue Gedanken und Ideen nämlich nur dann mit der Öffentlichkeit teilen, wenn man das Glück hatte, Zeitungen, Radiostationen, Fernsehsender oder politische Parteien zu finden, die willens waren, abweichende Meinungen publik zu machen. Vor Aufkommen des Internets waren Medienschaffende Gatekeeper. Nicht erst die Leser*innen, Zuhörer*innen und Zuseher*innen wählten aus, mit welcher Information sie sich in welchem Ausmaß beschäftigten, sondern die ihnen zugängliche Information war bereits von den Medienmacher*innen vorselektiert worden. Das heißt: Meinungen, die für zu provokant, aufsässig oder radikal befunden wurden, hatten oft von vornherein keine Chance, es in die breite Öffentlichkeit zu schaffen.

Das Internet und die sozialen Medien haben die öffentlich-mediale Gemengelage seither grundlegend verändert. Auf Social Media kann – anders als bei den analogen Medien – fast jede*r mitmischen, eine Vorauswahl gibt es praktisch nicht. Wer ein technisches Gerät mit Internetzugang hat, kann auf Facebook, Twitter, Instagram, TikTok und Co. posten, was er*sie will. Wichtig ist weniger, wer etwas sagt, als wie viele das Gesagte hören und wie viele es liken, teilen und selbst etwas dazu posten. Während früher die entscheidende Frage war: Bist du ein privilegierter, weißer Mann?, ist heute etwas gänzlich anderes ausschlaggebend: Wie viele Follower hast du und wie viele Menschen teilen dein Anliegen?

All das bringt natürlich auch Schlechtes mit sich: Menschen können (weitgehend) ungehindert Falschinformationen verbreiten und gerade in der Öffentlichkeit stehende Personen (und vor allem Frauen) sind mit Hate Speech[78] konfrontiert. Sie werden beleidigt, gedemütigt, bedroht. Auch der Gedanke, dass es im Internet keinerlei Zensur gibt, ist so nicht richtig. Gatekeeper gibt es immer noch. So sind es heute die Algorithmen der Plattformen, die darüber entscheiden, wie viele Menschen einen Inhalt sehen, indem sie auf intransparente Weise gewisse Inhalte pushen und andere benachteiligen.

Trotzdem bleibt festzuhalten, dass die sozialen Medien etwas historisch Einmaliges ermöglicht haben: Benachteiligte und diskriminierte Menschen können sich endlich Gehör verschaffen! Während eine junge lesbische PoC-Frau noch vor einigen Jahrzehnten mit ihrer Perspektive und ihren Anliegen die Einzige in ihrem Dorf oder in ihrer Kleinstadt war, kann sie sich heute in Sekundenschnelle mit anderen Menschen vernetzen, die Ähnliches erleben wie sie selbst. Sie tauscht sich aus, fühlt sich weniger allein. Sie lernt über Feminismus,

Anti-Rassismus und LGBTQIA*-Rechte, versteht die größeren gesellschaftspolitischen Zusammenhänge und ist nicht mehr bereit, Ungerechtigkeiten hinzunehmen. Einige Jahre später ist sie so mutig, selbstbewusst und klar wie noch nie. Sie hat eine Community an Gleichgesinnten gefunden. Sie kennt ihre Grenzen. Und sie weiß sich durchzusetzen.

Ohne Social Media wäre das alles so nicht möglich. Fridays for Future, Black Lives Matter und #MeToo wären ohne die Vernetzung auf den sozialen Plattformen nicht zu den globalen Bewegungen geworden, als die wir sie heute kennen. Denn erst das Internet ermöglichte es jungen Menschen, Schwarzen Menschen, Frauen und anderen marginalisierten Gruppen, dermaßen große Menschenmassen für die Verteidigung ihrer Grundrechte zu mobilisieren.

Der Soziologe Aladin El-Mafaalani verdeutlicht diese Entwicklung in seinem Buch „Das Integrationsparadox" durch eine Metapher. Er schreibt: „Stellen wir uns die Gesellschaft als einen großen Raum vor. [...] In der Mitte steht ein Tisch mit einem großen Kuchen. Vor einigen Jahrzehnten saßen lediglich einige wenige (ältere und weiße) Männer am Tisch, die meisten Menschen saßen in der zweiten und dritten Reihe, viele sogar auf dem Boden. Dann nahmen Frauen am Tisch Platz. Später folgten Menschen mit internationaler Geschichte und PoC, Ostdeutsche, Menschen mit Behinderung, LSBTQI* (einige homosexuelle Männer saßen auch schon vorher am Tisch, allerdings ohne sich zu outen). [...] Nach einer Weile fangen die ersten neu am Tisch Sitzenden an, Fragen zu stellen. Ist das eigentlich der richtige Kuchen? Sind die Tischregeln noch zeitgemäß? Manche wollen die Rezeptur des Kuchens, die Tischordnung und die Esskultur grundlegend verändern."[79]

Ausgehend von den sozialen Medien schwappen diese „neuen" Anliegen und Forderungen immer öfter in akademische Räume, in analoge Medien und in die Politik. Zwar ist es weiterhin so, dass die meisten Professuren, Redaktionsposten und Parlamentssitze von alten, weißen Männern belegt sind. Doch das ändert sich. Jahr für Jahr sitzen mehr BIPoC in TV-Talkshows, es werden mehr feministische Artikel geschrieben und mehr Menschen mit Behinderung sichtbar. Wenn sich Politiker, Philosophen und Kabarettisten also darüber beklagen, dass die Meinungsfreiheit am absteigenden Ast sei, dann ist das reinste Geschichtsverdrehung. Nie konnten so viele unterschiedliche Menschen im Staat mitmischen und an der Gesellschaft teilhaben, wie das heute möglich ist. Nie waren mehr Menschen am Diskurs beteiligt. Nie gab es so viele verschiedene Sichtweisen, Forderungen und Meinungen. Im Umkehrschluss bedeutet das: Wir haben heute mehr Meinungsfreiheit denn je!

So beschreibt es auch Kulturwissenschaftlerin und Migrationsforscherin Judith Kohlenberger: „Der öffentliche Diskurs ist heute wesentlich diverser (vermeintlich ‚polarisierter') als vor fünfzig Jahren, weil die meinungsbildende Gruppe wesentlich heterogener geworden ist – nun sind neben den alten, weißen Männern auch Frauen, Migrant*innen, *persons of color*, Menschen mit Beeinträchtigungen und LGBTQI* sichtbar und hörbar geworden. Das Wir ist somit bunter, aber auch vielstimmiger und dissonanter, potenziell konfliktgeladener, weniger ‚einig' und vermeintlich homogen."[80]

Doch wenn es heute mehr Meinungsfreiheit gibt denn je, dann stellt sich die Frage: Geht es den selbsternannten Hütern der Meinungsfreiheit überhaupt um Meinungsfreiheit? Oder geht es ihnen vielleicht doch um etwas ganz anderes? Um ihren eigenen Status, ihre eigenen Privilegien, ihre eigene Bequemlichkeit? Wer als alter, weißer Mann daran gewöhnt ist, dass die eigene Meinung für Frau und Kinder Gesetz ist und über der Meinung von „Ausländern", „Schwulen" etc. steht, für den bedeutet mehr Meinungsfreiheit erstmal nichts Gutes. Denn wenn mehr Menschen die Freiheit haben, ihre Meinung zu äußern, dann gibt es auch mehr Uneinigkeit, mehr Kritik und mehr Konflikte. Es wird hinterfragt und widersprochen, diskutiert und gestritten. Nichts wird mehr einfach so abgenickt und hingenommen. Das ist für viele Menschen kränkend. Sie wollen zurück in eine Zeit, in der ihre Kultur die Leitkultur war und ihnen stets mit Gehorsam statt mit Widerrede begegnet wurde. Dass das eine Zeit war, in der Frauen, PoC und gesellschaftliche Minderheiten keinerlei Rechte hatten, ist ihnen egal. Denn es geht bei der Meinungsfreiheitsdebatte nicht um Freiheit. Der Begriff der Freiheit dient bloß als Deckmantel, hinter dem sich Egoismus, Ignoranz und Diskriminierung verstecken. Ganz nach dem Motto: Meinungsfreiheit für mich – ja! Aber für alle?! – nein, danke.

Tatsächlich haben sich einige Menschen in unserer Gesellschaft daran gewöhnt, sich mehr herausnehmen zu können als andere. Man könnte meinen, sie hätten sich an ihre Privilegien gewöhnt – oder an ihre Unverschämtheiten! An respektloses Verhalten, das zwar für andere enorm freiheitseinschränkend ist, aber in einer patriarchalen, kolonialistischen und heteronormativen Gesellschaft (meist) unhinterfragt bleibt. Sie sind es gewöhnt, dass man sich nach ihnen richtet, und haben keine Lust darauf, von nun an nachzudenken, bevor sie den Mund aufmachen. Rücksichtnahme kennen sie nicht, denn ihr beleidigendes und diskriminierendes Verhalten hat nie Konsequenzen gehabt. Sie sind aufgebracht, dabei ist der von ihnen wahrgenommene Freiheitsverlust tatsächlich bloß die Forderung nach einem

Mindestmaß an Respekt. Respekt, den sie auf sich bezogen als selbstverständlich wahrnehmen. Sie schimpfen über „die Muslime“ und sprechen die Kellnerin im Gasthaus mit „junges Fräulein“ an, doch wenn sie selbst als „alte, weiße Männer“ betitelt werden, sind sie plötzlich gekränkt.

Die US-amerikanische Soziologin und Aktivistin Robin DiAngelo beschäftigt sich mit genau diesem Phänomen und prägte den Begriff *white fragility*, auf Deutsch *weiße Zerbrechlichkeit*. Darunter versteht sie die Tendenz weißer Menschen, jedes Gespräch über Rassismus als einen unfairen moralischen Angriff zu begreifen, der sie in ihrem (oft unbewussten) Gefühl der Überlegenheit verunsichert und daher eine Reihe von Abwehrreaktionen auslöst.[81] Sobald man mit weißen Menschen über Rassismus spricht, reagieren diese meist abwehrend, gekränkt, aufgebracht. Noch schlimmer wird es, wenn man alte, weiße Männer auch als „alte, weiße Männer“ beschreibt. Doch warum tun sich diese Männer so schwer damit, wo sie doch selbst andauernd von „den Türken“ und „den Frauen“ reden?

Wer in einer Gesellschaft die Macht inne hat, bildet die Norm. Und was normal ist, darüber spricht man nicht. Das ist einfach nur. Anders gesagt: Alte, weiße Männer sind die Subjekte der Gesellschaft. Sie reden, sie bestimmen. Alle anderen Menschen (Frauen, PoC, Migrant*innen, LGBTQIA* und viele andere) sind hingegen vornehmlich Objekte. Man schaut sie an, man lässt sie für sich arbeiten, man macht sich über sie lustig. Über sie redet man, über sie bestimmt man. Die Phrase „alter, weißer Mann" dreht den Spieß um. Plötzlich werden diejenigen begutachtet, die sonst immer nur selbst begutachten. Plötzlich spüren diejenigen, die gewohnt sind, Subjekt zu sein, wie unangenehm es ist, die Position der Verallgemeinerung und der Objektifizierung einzunehmen. Darauf reagieren viele Männer extrem negativ.

Die Soziologin Franziska Schutzbach erklärt das folgendermaßen: „Wenn Kritik ausgerechnet von jenen formuliert wird, die in der gesellschaftlichen Hierarchie eher unten stehen (Frauen, Migrantinnen, People of Color usw.), wird das von manchen, die sich – oft unbewusst – als die Überlegenen betrachten, als eine Schmach erlebt. Manche Menschen bewältigen diese Erschütterung, wie etwa die Ressentiment- und die Autoritarismus-Forschung zeigen, indem sie die Schwachen zu Übermächtigen emporstilisieren. [...] Frauen oder Minderheiten werden lächerlich gemacht und abgewertet. Gleichzeitig unterstellt man ausgerechnet ihnen eine totalitäre Übermacht und redet von einer ‚Genderdiktatur' und von ‚Sprachpolizei'. Die vermeintlich hinterlistige Stärke der Schwachen ist also ein verschwörungsähnliches Narrativ, das die schwierige Erfahrung von gesellschaftlichem Wandel und Verunsicherung erträglich machen soll."[82] Sie schreibt weiters: „Wenn jene, die als weniger wert gelten, mitreden wollen, wird das zunächst nicht als gerechter Ausgleich, sondern als Frechheit, als Umkehrung der Verhältnisse, als anmassend [sic!] und übertrieben empfunden – oder eben als ‚Terror der Minderheiten'."[83]

Schnell ist von „Political Correctness", „Identitätspolitik", und „Cancel Culture" die Rede. Und zwar nicht nur am Wirtshaus-Stammtisch, sondern auch ganz prominent und öffentlichkeitswirksam. So behauptete der deutsche CDU-Chef Friedrich Merz in einem Interview mit der Tageszeitung „Die Welt" im Sommer 2022, die „Cancel Culture" sei „die größte Bedrohung für die Meinungsfreiheit".[84] Der Vorwurf hinter diesen Schlagworten ist immer wieder der gleiche: Linke Gruppierungen würden nur noch die Partikularinteressen von übersensiblen Minderheiten vertreten und Menschen, die nicht denken wie sie, „canceln" – und damit mundtot machen. Statt auf Inhalte zu schauen, gehe es nur noch um Identitäten. So die Unterstellung. „Ich finde es bemerkenswert, dass [...] so getan wird, als sei nun erstmals die Frage wichtiger geworden, wer spricht, und nicht so sehr, was gesagt wird. Das ist eine ganz falsche Wahrnehmung der Geschichte, in der wir selber auch stehen"[85], so sagt es Soziologin Paula-Irene Villa Braslavsky. Und sie hat recht: Wer spricht, war immer schon enorm wichtig. War man kein weißer Mann, hatte man lange Zeit nämlich überhaupt nichts zu sagen. Es ist wichtig, dass Frauen, PoC, Migrant*innen, LGBTQIA*, Menschen mit Behinderung und junge Menschen für ihre eigene Freiheit einstehen. Denn ein Blick in die Geschichte zeigt: Tun sie es nicht selbst, tut es niemand für sie.

Auch die Behauptung, es handle sich hierbei um Anliegen „weltfremder Sensibelchen" ist komplett daneben. „Ganz grundsätzlich geht es bei Identitätspolitik, entgegen der Unterstellungen vieler Kritikerinnen und Kritiker, nicht einfach um subjektive Gefühlszustände, sondern um die Verwirklichung von Grundrechten – und zwar auf der Basis gesamtgesellschaftlich geteilter Prinzipien wie Freiheit und Gleichheit. Für Bewegungen wie Black Lives Matter und #MeToo sollte das offensichtlich sein: Niemand will von der Polizei gepiesackt, malträtiert oder gar getötet werden; ebenso ist die Forderung, nicht von mächtigen Männern belästigt oder gar vergewaltigt zu werden, kein skurriler Sonderwunsch einer dauerbeleidigten Minderheit, sondern prinzipiell für alle nachvollziehbar"[86], so schreibt es Politikwissenschaftler Jan-Werner Müller.

Jahrhundertelang hatten marginalisierte und unterdrückte Menschen nur nicht die Möglichkeiten, sich zu wehren. Heute ist das anders: Ungerechtigkeiten fallen mehr auf, bleiben weniger oft unkommentiert. Betroffene vernetzen sich, unterstützen einander. Wer sich diskriminierend verhält, muss mittlerweile mit Kontra rechnen – und vielleicht auch mit Konsequenzen. Das mag ungewohnt sein, hat mit Freiheitsraub aber nichts zu tun.

Denn die Freiheit ist woanders zu verorten: Frauen, BIPoC, Migrant*innen, Armutsbetroffene, Menschen mit Behinderung, LGBTQIA* und junge Menschen erkämpfen sich Stück für Stück das, was ihnen dem Gesetz nach bereits zustehen sollte: Ihr Recht auf Freiheit.

Wann sind wir wirklich frei?

Der Begriff der Freiheit kommt selten ohne ein Präfix aus. Ist von Freiheit die Rede, dann geht es meist auch um das *Be*freien, um die *Be*freiung und um das sich *be*freit fühlen. Nicht nur in Romanen und Filmen dreht sich die Handlung häufig um das Ausbrechen aus altbekannten Strukturen und das Überwinden äußerer und innerer Zwänge. Auch in den analogen Medien und auf Social Media werden wir regelmäßig dazu aufgerufen, uns zu befreien.

Auf Youtube befehlen uns „Self-made"-Millionäre und Crypto-Investoren, wir müssten uns sofort von unserem tristen Angestellten-Dasein befreien und Fin-Tech-Entrepreneurs werden. Auf Instagram heißt es, um glücklich zu werden, solle man sich von den eigenen Emotionen befreien und die Lebenskunst der Stoiker erlernen. Auf TikTok romantisieren Influencer*innen das Leben als Einsiedler*in, indem sie es als eine Befreiung von der Stadt, von Technik und Komfort darstellen. In der Werbung für Alkohol, für teures Parfüm und schnelle Autos wird uns zugeflüstert, dass wir uns von unserer Vernunft befreien und unserem Herzen folgen sollten. Und auch viele Politiker*innen versprechen uns, sie würden uns befreien: von der „Klimadiktatur", vom „Genderzwang" und vom „Minderheitenterror".

Wer frei sein will, der muss sich von etwas befreien – so die Annahme. Nur wovon?

Gesellschaftliche Normen und Strukturen sind unsichtbar, wenn man sie nicht kennt. Und Diskriminierung gibt es nicht, solange man keine Worte für sie hat. Hat man keine Begriffe, um das, was einem passiert und was man fühlt, zu benennen, dann kann man sich auch niemandem mitteilen. Man muss es mit sich selbst ausmachen, sucht die Schuld bei sich. Man schämt sich, nimmt den Status Quo hin, resigniert. Eine Frau, die denkt, Männer und Frauen seien mittlerweile „eh gleichberechtigt" und am Heimweg im Park begrabscht wird, behält das Erlebte für sich, schiebt es auf ihr Outfit, ihr Lächeln, ihre Person. Ein BIPoC-Kind, das noch nie von Rassismus gehört hat, wird seinen Klassenkameraden glauben, wenn sie es als „schmutzig" und „komisch" beschimpfen. Ein Hartz-4-Bezieher, der nichts über Klassismus weiß, wird sich nach einiger Zeit so fühlen, wie andere ihn behandeln: „nutzlos“, „dumm“ und „selber Schuld“.

Wissen ist Macht. Aber nicht nur das: Wissen ist Freiheit! Denn erst, wer versteht, in welcher Gesellschaft wir leben, kann entscheiden, welche Rolle er*sie in dieser Gesellschaft einnehmen möchte. Und erst, wer Diskriminierung erkennt, kann sich dagegen wehren. Wir leben im Patriarchat, in einer kolonialistisch-rassistisch geprägten, klassistischen und ableistischen Gesellschaft, in der Heteronormativität gepriesen und jede Abweichung vom „Ideal“ mit Diskriminierung gestraft wird. Das zu wissen, zu verstehen und abzulehnen ist die Basis für Freiheit.

Frei sein setzt voraus, dass man vieles lernt – und mindestens genauso viel *ent*lernt. Man lernt, was einem das klassische Bildungssystem vorenthalten hat. Und man entlernt, wovon man gar nicht wusste, dass man es gelernt hat.

Das Konzept des Lernens ist uns bekannt. Wer Wissen und Fähigkeiten erwirbt, der lernt. Aus Sicht der Lernpsychologie wird der Begriff „lernen“ oft weiter gefasst: So ist jeder Prozess der Veränderung des Verhaltens, Denkens und Fühlens aufgrund von Erfahrung oder Informationen ein Lernprozess. Wir verstehen unter Lernen üblicherweise etwas sehr Positives. Wer lernt, der weiß und kann mehr. Lernen ist daher etwas Gutes, etwas Bereicherndes. Doch ist es das immer?

Im Laufe unseres Lebens werden wir mit Eindrücken überhäuft. Viele Erlebnisse prägen und formen uns. In der Schule lernen wir lesen, schreiben, rechnen und eine Menge Daten und Fakten. Doch zugleich lernen wir uns über die Jahre – zum Großteil unbewusst – auch viele gesellschaftliche Normen an. Wir schauen uns gängige Verhaltensweisen von unserer Verwandtschaft ab, imitieren unsere Freund*innen und Bekannten und nehmen uns Celebrities und Influencer*innen zum Vorbild. Wir konsumieren Medien, werden mit Werbung gefüttert und hören Politiker*innen reden. All diese Menschen und Institutionen vermitteln uns ihre Einstellungen, Meinungen und Werte. Und ohne dass wir es mitbekommen, übernehmen wir gängige politische Narrative und verinnerlichen diskriminierende Vorurteile:

Frauen wollen Kinder haben. Männer weinen nicht und reden nicht über ihre Gefühle. Eine Familie besteht aus Vater, Mutter, Kind(ern). Arbeiten bedeutet Lohnarbeiten. Eine Arbeitswoche beträgt 40 Stunden. Schönheit und Attraktivität sind objektive Eigenschaften. Wer nicht dünn ist, lebt ungesund. Wer dünn ist, ist erfolgreich. Arbeitslose sind dumm und faul. Wenn du dich genügend anstrengst, schaffst du es bis ganz nach oben. Muslime sind ein Problem. Frauenfeindlich sind die Ausländer, nicht wir Österreicher/Deutsche. Fleisch essen macht stark und ist gesund. Die Öko-Leute übertreiben es mit ihrem Klimaschutz. Der Staat soll sich nicht in mein Leben einmischen. Politiker*innen sind doch eh alle gleich.

Es sind Aussagen wie diese, die wir uns kollektiv angelernt haben. Und die wir – wenn wir frei sein wollen – wieder entlernen müssen. Denn so wahr uns einige dieser Aussagen auch erscheinen: Sie sind keine Fakten, sondern als Fakten geltende Annahmen. Annahmen, die falsch sind.

Entlernen bedeutet altes vermeintliches Wissen durch neues tatsächliches Wissen zu ersetzen. Dazu müssen wir Einstellungen und Aussagen hinterfragen, die wir bisher für „selbstverständlich" und „gottgegeben" gehalten haben. Das passiert, indem wir uns mit Feminismus, Anti-Rassismus, LGBTQIA*-Rechten und anderen Gerechtigkeitsbewegungen auseinandersetzen. Und es passiert durch Bücher und Filme, durch Podcasts und Serien. Durch Social Media. Durch Austausch mit Freund*innen. Durch Vorträge und Workshops. Durch Vernetzung und Aktivismus.

Dinge zu entlernen ist nicht einfach und nicht angenehm. Im Gegenteil: Entlernen ist mühsam und aufrüttelnd und anstrengend. Denn indem man gängige Machtstrukturen durchleuchtet, hinterfragt man das eigene Weltbild und damit auch ein Stück weit sich selbst. Doch nichts könnte wichtiger sein.

Seit Jahren schlittern wir von einer Krise in die nächste: Corona, die enormen Teuerungen, die wachsende Ungleichheit, der Krieg in der Ukraine, der Pflegenotstand, steigende psychische Belastungen, die Klimakrise. Immer mehr Menschen befinden sich mit ihren mentalen und/oder finanziellen Ressourcen am Limit. Und gerade junge Menschen haben genug von einer Politik, die entgegen jeglicher Sinnhaftigkeit weiterhin den Status Quo stützt. Schon lange gab es nicht mehr so viel Unzufriedenheit, Skepsis und Sorge in unserer Gesellschaft, wie das heute der Fall ist. Trotzdem bleiben weitreichende Veränderungen aus, von einer progressiven Reformwelle ganz zu schweigen. Konservative, Neoliberale und Rechte gewinnen weiterhin Wahlen und stellen immer noch die gesellschaftlichen Regeln auf. Und das, obwohl sie inhaltlich kaum noch etwas anzubieten haben. Denn die multiplen Krisen, in denen wir uns befinden, verdeutlichen, dass ein „weiter wie bisher“ wissenschaftlich nicht zu legitimieren und praktisch nicht auszuhalten ist.

Die Politik, wie sie diese Parteien betreiben, basiert nicht auf empirischen Erkenntnissen und rationalen Abwägungen. Die Aussage „Die Antwort auf die Klimakrise sind Innovation und die allgemeine Marktdynamik, nicht Verbote und Verzicht“ ist wissenschaftlich nicht haltbar. Auch die Behauptung „Reiche Menschen tragen ihren fairen Anteil zur Gesellschaft bei“ ist mit

Blick auf die derzeitigen Steuer- und Abgabenregelungen falsch. Und genauso wenig stimmt das gängige „die Ausländer sind schuld".

All diese Scheinargumente und Scheinwahrheiten sind eben das: *scheinbar* richtig. Bisher reichte den konservativen, neoliberalen und rechten Kräften diese scheinbare Richtigkeit zur Generierung von Wähler*innenstimmen. Doch jetzt, da sich eine Krise an die nächste hängt und immer mehr Menschen die Auswirkungen dieser irrationalen, von den Interessen einiger weniger Personen getriebenen Politik am eigenen Leib zu spüren bekommen, verlieren auch diese Scheinargumente immer mehr an Überzeugungskraft. Übrig bleibt das mächtigste, das schillerndste und das verführerischste aller Scheinargumente: die Freiheit.

Der Freiheitsbegriff ist für Konservative, Neoliberale und Rechte zum Kern ihrer Rhetorik geworden. Sie klammern sich an ihn wie an einen letzten rettenden Strohhalm. In Talkshows, auf Veranstaltungen und in ihren Wahlprogrammen malen sie das Szenario eines unmittelbar drohenden allumfassenden Freiheitsverlustes an die Wand und inszenieren sich zugleich als die Heilbringenden, ganz nach dem Motto: „Achtung, die anderen wollen euch eure Freiheit wegnehmen. Nur wir stehen für die Freiheit ein, nur wir schützen euch!"

Und damit sind sie höchst effektiv. Denn obwohl wir den Freiheitsbegriff alle gerne hören und verwenden, halten wir selten inne, um ihn uns genauer anzusehen. Doch was würde passieren, wenn wir eine große gesellschaftliche Debatte rund um „Freiheit" aufmachen? Eine Debatte, die nicht nur an der Oberfläche kratzt, sondern in die Tiefe geht.

Um das mit Hilfe einer Metapher zu beschreiben: Der gesellschaftliche Fortschritt ist ein Fluss, in dem das Wasser mal gemächlich, mal schneller herabfließt. Es gibt nichts, was die Strömung aufhalten könnte – obwohl, doch: Ein großer Staudamm steht in der Mitte des Flusses und hält das Wasser davon ab weiterzufließen. Dieser Staudamm ist der Freiheitsbegriff, wie ihn die Konservativen, Neoliberalen und Rechten derzeit verwenden. Er blockiert den gesellschaftlichen Veränderungsprozess und versucht mit aller Kraft den Status Quo zu bewahren. Doch was, wenn wir diesen Damm durchbrechen?

Freiheit war schon immer Dreh- und Wendepunkt gesellschaftlicher Entwicklungen. Ob man nun an die Französische Revolution, an die afroamerikanische Bürgerrechtsbewegung oder an die indische Unabhängigkeitsbewegung denkt – so gut wie jeder politische Protest und gesellschaftliche Umbruch basiert auf enormen Freiheitssehnsüchten, für die der Status Quo keinen Platz zu haben scheint. So veränderungshemmend Freiheit sein kann, so revolutionär kann sie auch sein, wenn man sie nur (anders) versteht.

Freiheit neu definieren – dazu braucht es jeden von uns. Wir alle müssen damit beginnen zu hinterfragen, auseinanderzunehmen, genauer hinzusehen. Die eigene Freiheit zu finden ist ein Prozess. Es dauert und ist anstrengend. Doch das ganze Lernen und Entlernen, das Fragen und Hinterfragen zahlt sich aus. Denn erst wenn man weiß, was von einem erwartet wird, kann man entscheiden, ob man dem entsprechen möchte. Erst wenn man sich darüber bewusst ist, welchen Zwängen man unterliegt, kann man ihnen widerstehen. Und erst wenn man weiß, welcher Lebensentwurf einem aufgedrängt wird und welche anderen es noch gibt, hat man die Wahl, das Leben zu führen, das einen glücklich macht.

Und damit eine freiere und gerechtere Gesellschaft zu formen.

Ein Gedanke zum Schluss

Über Freiheit wurde immer schon philosophiert, geredet und geschrieben.

Hobbes, Locke, Kant – sie alle sind als große Verfechter der Freiheit bekannt und doch waren sie es, die zeitgleich den Sklavenhandel unterstützt, Rassentheorien aufgestellt und zutiefst frauenverachtende Einstellungen verbreitet haben.[87] Einerseits haben sie Freiheit gepriesen und sich über Jahre hinweg mit ihr auseinandergesetzt, andererseits haben sie vielen Menschen ebendiese Freiheit abgesprochen und aktiv an deren Ausbeutung und Versklavung teilgenommen. Das wurde jahrhundertelang weder als moralisch verwerflich betrachtet noch als ein logischer Fehlschluss erkannt. Es wurde akzeptiert. Es war normal.

In Anbetracht dieser historischen Tatsachen stellt sich unweigerlich die Frage: Wie sieht es heute aus? Was werden sich unsere Nachfahren in einigen hundert Jahren denken, wenn sie von dem erfahren, was für uns zurzeit normal scheint? Was wird sie schockieren? Wofür werden sie uns verurteilen?

Oder anders gesagt: Wen schließen wir derzeit von der Freiheit aus, die uns allen zusteht? Und warum? Was bleibt uns noch zu entlernen?

Dieses Buch ist ein Versuch. Ein Versuch, die blinden Flecken und Widersprüche der gegenwärtigen Freiheitsdebatten aufzudecken. Zugleich ist es bestimmt selbst voller blinder Flecken. Blinde Flecken, die mir als Autorin in einem Jahr auffallen könnten, in fünf Jahren, in 20 Jahren oder vielleicht nie.

Ich möchte daher mit einem Zitat von Schriftsteller und Musiker Hans Platzgumer enden: „Freiheit [...] ist nie absolut und schließt auch stets die Freiheit ein, das, was sich als Freiheit ausgibt, zu hinterfragen und abzulehnen.“[88]

Auch dieses Buch.

Danksagung

Im Alter von vier Jahren schrieb ich mein erstes Buch. Oder vielmehr überredete ich meine Großeltern dazu, mir dabei zu helfen, ein Buch zu basteln. Ich diktierte ihnen die Geschichte (soweit ich mich erinnern kann, ging es um Feen und magische Tiere), mein Großvater spielte Sekretär und meine Großmutter illustrierte den Kartonumschlag mit Buntstiftzeichnungen. Rückblickend war dieses mehrwöchige Projekt „Buch" nicht nur eine schöne Kindheitserinnerung, sondern auch eine gute Life Lesson: Buch-Schreiben ist – auch wenn man die meiste Zeit allein vor dem Laptop sitzt – ein gemeinsamer Kraftakt. Ich möchte mich daher bei all jenen Menschen bedanken, die mich in meinem Schreiben unterstützen und die mich dazu inspirieren, Neues zu wagen und Altes zu hinterfragen.

Danke, Raoul. Du hast den gesamten Brainstorming-, Recherche- und Schreibprozess so sehr mit- und abbekommen wie niemand sonst. Danke für dein geduldiges Zuhören, deine vielen klugen Ideen und deine stetige Unterstützung – in allen Lebensbereichen.

Danke, Steffi. Ich habe immer schon davon geträumt, ein eigenes Buch zu veröffentlichen. Dass das bereits mit 23 Jahren möglich werden würde, hätte ich nie zu träumen gewagt. Danke für dein Vertrauen, für die Möglichkeiten und den Freiraum, den du mir gegeben hast. Danke auch an das gesamte Team von Kremayr & Scheriau. Es ist mir eine große Freude, mit meinem Essay Teil dieses großartigen Verlages zu sein.

Ich danke meinen Eltern. Auch wenn wir Dinge oft unterschiedlich sehen, habt ihr mich immer in dem unterstützt, was mir wichtig war und an mich geglaubt. Danke, dass ihr „quand on veut, on peut“ zu meinem Lebensmotto gemacht habt. Ich danke meiner Tante. Merci que tu crois en moi. Et merci que tu n'aies jamais arrêté de te battre pour ta liberté et celle des autres. Ich danke meiner Schwester Solenn, die mir mehr bedeutet, als ich es in Worte zu fassen in der Lage bin. Ich danke meinen Großeltern für unser gemeinsames Feen-Büchlein und all die anderen schönen Kindheitserinnerungen. Und natürlich danke an Lou, the queen herself.

Danke an meine großartigen Freund*innen. Ich bin unendlich dankbar, so inspirierende, warmherzige, intelligente und unterstützende Menschen in meinem Leben zu haben. Ein besonderer Dank gilt meinen Testleser*innen: Danke an Tabea, Laura, Annalisa, Raoul, Tobi, Annika und Jessi.

Es gibt Menschen, ohne die hätte ich wohl nie meinen Weg ins Schreiben gefunden. Ich danke Dagmar, die meine Schulzeit als Frau Prof. Weidinger begleitet hat. Keine Lehrerin hat mich dermaßen geprägt und bestärkt wie du. Ich danke zudem der Schreibakademie Mödling, speziell Gertraud Klemm und Markus Tobischek. Die Samstage mit den vielen Texten, Snacks und Lachern haben mich in eine neue Welt eingeführt und mich einen Teil von mir selbst entdecken lassen, von dem ich nicht wusste, dass er existiert.

Danke an Chrisi. Du hast mir gezeigt, dass man Dinge anders denken kann. Und du hast mir den Mut und die Zuversicht gegeben, die ich brauchte, um neu anzufangen. Ich danke dem Kurs „Zukunftsfähiges Wirtschaften“ des Instituts für Sozioökonomie. Dieser Kurs hat es geschafft, mein Weltbild (und damit mein Freiheitsverständnis) zu verändern und war das Beste, was ich aus vier Jahren WU-Studium mitnehmen konnte.

Bevor diese viel zu lange Danksagung ihr Ende findet, möchte ich noch all jenen Menschen meinen Dank, meinen Respekt und meine Hochachtung aussprechen, die, während Menschen wie ich über Freiheit philosophieren, als Freiheitskämpfer*innen bereit dazu sind, die Freiheit mit ihrem Leben zu verteidigen. Danke an die Frauen im Iran und die Frauen in Afghanistan, danke an die Menschen in der Ukraine und an die Protestbewegungen in Russland und Belarus. Ich verneige mich vor den mutigen, unnachgiebigen Feminist*innen und Widerstandskämpfer*innen überall auf der Welt. Ohne euch gäbe es längst keine Freiheit mehr, über die man schreiben könnte.

Anmerkungen

1 Charles de Secondat, Baron de Montesquieu. *Vom Geist der Gesetze (1748).* In der deutschen Übersetzung herausgegeben von Jonas Pfister. *Texte zur Freiheit (2014).*

2 LGBTQIA* ist eine Sammelbezeichnung für die queere Community und steht für *lesbian, gay, bisexual, transgender, queer, intersexual, asexual.* Das Sternchen oder Plus am Ende verdeutlicht, dass die Bewegung inklusiv ist und allen queeren Identitäten und Erfahrungen offensteht.

3 Hans Joas. „Zur Rechtfertigung der Sklaverei – Essay", *APuZ - Aus Politik und Zeitgeschichte,* 04.12.2015. https://www.bpb.de/shop/zeitschriften/apuz/216474/zur-rechtfertigung-der-sklaverei-essay/

4 Andreas Eckert. „Rechtfertigung und Legitimation von Kolonialismus", *APuZ – Aus Politik und Zeitgeschichte,* 23.10.2012. https://www.bpb.de/shop/zeitschriften/apuz/146975/rechtfertigung-und-legitimation-von-kolonialismus/

5 GRA – Stiftung gegen Rassismus und Antisemitismus. Glossar: Jedem das Seine, 2015. https://www.gra.ch/bildung/glossar/arbeit-macht-frei-jedem-das-seine/

6 Immanuel Kant. *Über den Gemeinspruch: Das mag in der Theorie richtig sein, taugt aber nicht für die Praxis (1793).* In der deutschen Übersetzung herausgegeben von Jonas Pfister. *Texte zur Freiheit (2014).*

7 Heidi Kastner. *Dummheit* (2021).

8 Hans Platzgumer. „Über die, die jetzt laut ‚Freiheit' grölen: Gedanken von Hans Platzgumer", *Der Standard,* 19.12.2021. https://www.derstandard.at/story/2000131979524/ueber-die-die-jetzt-laut-freiheit-groelen-gedanken-von-hans

9 András Szigetvari. „Gleichheitsforscher Milanović: ‚Große Vermögen höher besteuern'", *Der Standard,* 15.02.2018. https://www.derstandard.at/story/2000074288613/oekonom-muessen-grosse-vermoegen-hoeher-besteuern

10 András Szigetvari. „Thomas Piketty: ‚Unsere Gesellschaften brauchen keine Milliardäre'", *Der Standard,* 15.03.2020. https://www.derstandard.at/story/2000115733361/thomas-piketty-unsere-gesellschaften-brauchen-keine-milliardaere

11 Jakob Pflügl. „Reichste Österreicherinnen und Österreicher sind reicher als vermutet", *Der Standard,* 31.01.2022. https://www.derstandard.at/story/2000132969621/reichste-oesterreicherinnen-und-oesterreicher-sind-reicher-als-vermutet

12 SORA-Institut. Studie: Die Auswirkungen von sozialer Ungleichheit auf die Demokratie. Martina Zandonella, Tamara Ehs, September 2020. https://www.sora.at/fileadmin/downloads/projekte/2021_09_SORA_Bericht_20029_Auswirkungen_sozialer_Ungleichheit_auf_die_Demokratie.pdf

13 Brad Plumer, Raymond Zhong. „Climate Change is harming the planet faster than we can adapt, U.N. warns", *The New York Times,* 28.02.2022. https://www.nytimes.com/2022/02/28/climate/climate-change-ipcc-report.html

14 Intergovernmental Panel on Climate Change. Climate Change 2022. Mitigation of Climate Change.

15 „Europe set for record wildfire destruction in 2022", *Deutsche Welle,* 14.08.2022. https://www.dw.com/en/europe-set-for-record-wildfire-destruction-in-2022/a-62802068

16 Steffen Richter. „So heiß wie nie", *Die Zeit,* 18.08.2022. https://www.zeit.de/gesellschaft/zeitgeschehen/2022-08/hitze-europa-extremwetter-duerre-klimafolgen

17 „Mehr Quallen und weniger Korallen im Mittelmeer wegen Klimakrise“, *Der Standard*, 22.06.2021. https://www.derstandard.at/story/2000127610179/mehr-quallen-und-weniger-korallen-im-mittelmeer-wegen-klima-krise

18 „Verkehrsclub fordert rasche Klimaanpassung von städtischen Straßen“, *Der Standard*, 28.06.2022. https://www.derstandard.at/story/2000136975880/hitze-mobilitaetsagentur-vcoe-fordert-rasche-klimaanpassung-von-staedtischen-strassen

19 Philipp Lepenies. *Verbot und Verzicht. Politik aus dem Geiste des Unterlassens* (2022).

20 Philipp Lepenies. *Verbot und Verzicht. Politik aus dem Geiste des Unterlassens* (2022); vgl. Andreas Reckwitz. *Das Ende der Illusionen. Politik, Ökonomie und Kultur in der Spätmoderne* (2021).

21 Vgl. Andreas Novy, Richard Bärnthaler und Veronika Heimerl. *Zukunftsfähiges Wirtschaften* (2020); Philipp Lepenies. *Verbot und Verzicht. Politik aus dem Geiste des Unterlassens* (2022).

22 Philipp Lepenies. *Verbot und Verzicht. Politik aus dem Geiste des Unterlassens* (2022).

23 Ebenda.

24 Philipp Lepenies. *Verbot und Verzicht. Politik aus dem Geiste des Unterlassens* (2022); vgl. Andreas Novy, Richard Bärnthaler und Veronika Heimerl. *Zukunftsfähiges Wirtschaften* (2020).

25 Ed Kilgore. „Donald Trump’s role model is an Ayn Rand character“, *New York Magazine*, 12.04.2016. https://nymag.com/intelligencer/2016/04/trumps-role-model-is-an-ayn-rand-character.html

26 Philipp Lepenies. *Verbot und Verzicht. Politik aus dem Geiste des Unterlassens* (2022); vgl. Andreas Novy, Richard Bärnthaler und Veronika Heimerl. *Zukunftsfähiges Wirtschaften* (2020).

27 Philipp Lepenies. *Verbot und Verzicht. Politik aus dem Geiste des Unterlassens* (2022).

28 Philipp Lepenies. *Verbot und Verzicht. Politik aus dem Geiste des Unterlassens* (2022); vgl. Andreas Novy, Richard Bärnthaler und Veronika Heimerl. *Zukunftsfähiges Wirtschaften* (2020).

29 Philipp Lepenies. *Verbot und Verzicht. Politik aus dem Geiste des Unterlassens* (2022).

30 Ebenda.

31 „Noch mehr US-Bürger ohne Krankenversicherung", *Ärzte Zeitung*, 29.12.2020. https://www.aerztezeitung.de/Politik/Noch-mehr-US-Buerger-ohne-Krankenversicherung-415929.html

32 Philipp Lepenies. *Verbot und Verzicht. Politik aus dem Geiste des Unterlassens* (2022); vgl. Andreas Novy, Richard Bärnthaler und Veronika Heimerl. *Zukunftsfähiges Wirtschaften* (2020).

33 Vgl. Philipp Lepenies. *Verbot und Verzicht. Politik aus dem Geiste des Unterlassens* (2022).

34 „Margaret Thatcher: a life in quotes", *The Guardian*, 08.04.2013. https://www.theguardian.com/politics/2013/apr/08/margaret-thatcher-quotes; vgl. Philipp Lepenies. *Verbot und Verzicht. Politik aus dem Geiste des Unterlassens* (2022); Andreas Novy, Richard Bärnthaler und Veronika Heimerl. *Zukunftsfähiges Wirtschaften* (2020).

35 Philipp Lepenies. *Verbot und Verzicht. Politik aus dem Geiste des Unterlassens* (2022).

36 „New report shows just 100 companies are source of over 70 % of emissions", *Carbon Disclosure Project*, 10.07.2017. https://www.cdp.net/en/articles/media/new-report-shows-just-100-companies-are-source-of-over-70-of-emissions

37 Tania Singer im Gespräch mit Annika Reich. „Abschied vom Homo Oeconomicus", *Die Zeit*, 12.08.2015. https://www.zeit.de/kultur/2015-08/wirtschaftspolitik-tania-singer-resource-projekt-10nach8

38 Philipp Lepenies. *Verbot und Verzicht. Politik aus dem Geiste des Unterlassens* (2022); Andreas Novy, Richard Bärnthaler und Veronika Heimerl. *Zukunftsfähiges Wirtschaften* (2020).

39 Vgl. Philipp Lepenies. *Verbot und Verzicht. Politik aus dem Geiste des Unterlassens* (2022).

40 Philipp Lepenies. *Verbot und Verzicht. Politik aus dem Geiste des Unterlassens* (2022).

41 Franziska Schutzbach. „Rechtspopulismus und Rechtsextremismus lassen sich mit Argumenten nicht entkräften", 23.06.2019. https://franziskaschutzbach.wordpress.com/2019/06/23/rechtspopulismus-laesst-sich-mit-argumenten-nicht-entkraeften/

42 Ebenda.

43 „Österreich bei Doppelstaatsbürgerschaft Schlusslicht", *Österreichische Akademie der Wissenschaften*, 18.05.2021. https://www.oeaw.ac.at/news/oesterreich-bei-doppelstaatsbuergerschaft-schlusslicht

44 „Wo nur die Hälfte wählen darf", *ORF Wien*, 16.08.2022. https://wien.orf.at/stories/3169310/

45 Max Stepan. „Nur sechs Prozent der Jugendlichen fühlen sich von der Politik gut vertreten", *Der Standard*, 11.05.2022. https://www.derstandard.at/story/2000135635387/nur-sechs-prozent-der-jugendlichen-fuehlen-sich-von-der-politik

46 „Was den Jungen derzeit Sorgen macht“, *ORF*, 05.04.2022. https://orf.at/stories/3257979/

47 Unter Fatphobia versteht man Abscheu vor und Hass auf dicke Menschen. Damit einher geht oft Fat Shaming, also das Beleidigen, Mobben und Ausgrenzen von mehrgewichtigen Personen, was bis hin zu Gewalttaten gegen dicke Menschen reichen kann.

48 World Economic Forum. Global Gender Gap Report, 2021. https://www3.weforum.org/docs/WEF_GGGR_2021.pdf

49 „Gender Pay Gap in the EU down to 13.0 %“, *Eurostat*, 07.03.2022. https://ec.europa.eu/eurostat/web/products-eurostat-news/-/edn-20220307-2#:~:text=In%202020%2C%20women‘s%20gross%20hourly,from%2016.4%25%20to%2013.0%25

50 „8 von 10 Frauen möchten finanziell auf eigenen Beinen stehen“, *Erste Group*, 27.02.2018. https://www.erstegroup.com/de/news-media/presseaussendungen/2018/02/27/weltfrauentag-studie-finanzielle-unabhaengigkeit

51 Vgl. Wirtschafsuniversität Wien. Studie: Frauen in Paarhaushalten mit Kindern leisten die meiste unbezahlte Arbeit, 2020. https://www.wu.ac.at/presse/presseaussendungen/presseaussendung-details/detail/frauen-in-paarhaushalten-mit-kindern-leisten-die-meiste-unbezahlte-arbeit/

52 Bundesministerium für Soziales, Gesundheit, Pflege und Konsumentenschutz. Anrechnung von Kindererziehungszeiten und Pensionssplitting, 13.01.2022. https://www.sozialministerium.at/Themen/Soziales/Sozialversicherung/Pensionsversicherung/Anrechnung-von-Kindererziehungszeiten-und-Pensionssplitting.html

53 „Pensionsversicherung warnt vor ‚Falle Teilzeitarbeit'", *Der Standard*, 25.06.2019. https://www.derstandard.at/story/2000105410037/pensions-versicherung-warnt-vor-falle-teilzeitarbeit

54 Regina Bruckner. „Frauen bekommen um 42 Prozent weniger Pension als Männer", *Der Standard*, 30.07.2021. https://www.derstandard.at/story/2000128561200/frauen-bekommen-um-42-prozent-weniger-pension-als-maenner

55 European Union Agency for Fundamental Rights. Violence against women: an EU-wide study, 2014. https://fra.europa.eu/sites/default/files/fra_uploads/fra-2014-vaw-survey-main-results-apr14_en.pdf

56 „Österreich bei Frauenmorden über EU-Durchschnitt", *Der Standard*, 17.09.2021. https://www.derstandard.at/story/2000129736490/oesterreich-bei-frauenmorden-ueber-eu-durchschnitt

57 PoC steht für People of Color und beschreibt all jene Menschen, die aufgrund körperlicher und kultureller Zuschreibungen durch die weiße Mehrheitsgesellschaft mit Rassismus konfrontiert sind. Der Begriff kommt aus dem anglo-amerikanischen Raum. Ähnliche Begriffe sind BPoC für Black and People of Color und BIPOC für Black, Indigenous and People of Color.

58 Ein Digital Nomad ist jemand, der ausschließlich digital und damit ortsunabhängig arbeitet und daher einen multilokalen Lebensstil annimmt. Digital Nomads ziehen häufig in Urlaubsdestinationen wie Südeuropa, Südostasien oder Lateinamerika und reisen dort von Land zu Land.

59 Arbeiterkammer Oberösterreich. A-typische und prekäre Arbeitsverhältnisse. https://ooe.arbeiterkammer.at/interessenvertretung/arbeitswelt/arbeitsmarktpolitik/A-typisch_und_prekaer.html

60 „Pensionsversicherung warnt vor ‚Falle Teilzeitarbeit'", *Der Standard*, 25.06.2019. https://www.derstandard.at/story/2000105410037/pensionsversicherung-warnt-vor-falle-teilzeitarbeit

61 Verena Kainrath. „Boten auf zwei Rädern: ‚Was hat das mit freien Dienstverhältnissen zu tun?'", *Der Standard*, 15.02.2021. https://www.derstandard.at/story/2000124166420/boten-auf-zwei-raedern-was-hat-das-mit-freien-dienstverhaeltnissen; „EU will Arbeitsbedingungen für Uber-Fahrer verbessern", *Frankfurter Allgemeine Zeitung*, 24.02.2021. https://www.faz.net/aktuell/wirtschaft/eu-will-arbeitsbedingungen-fuer-uber-fahrer-verbessern-17214710.html

62 „Leiharbeiter bei Hygiene Austria fühlten sich ‚wie Sklaven' behandelt", *Der Standard*, 12.11.2021. https://www.derstandard.at/story/2000131108598/leiharbeiter-bei-hygiene-austria-fuehlten-sich-wie-sklaven-behandelt; „Verdacht auf Menschenhandel: Borealis gerät in Belgien unter Druck", *Der Standard*, 05.08.2022. https://www.derstandard.at/story/2000138059321/verdacht-auf-menschenhandel-borealis-geraet-in-belgien-unter-druck

63 „Vor allem Frauen nur auf Zeit beschäftigt", *Frankfurter Allgemeine Zeitung*, 31.08.2018. https://www.faz.net/aktuell/karriere-hochschule/buero-co/befristete-arbeitsvertraege-vor-allem-junge-frauen-betrifft-es-15764864.html

64 „Psychische Belastung ‚besorgniserregend'", *ORF*, 15.12.2021. https://orf.at/stories/3240302/

65 Max Eberle. „Psychotherapie in Österreich: Alles, was du wissen musst", *Momentum Institut*, 08.11.2021. https://www.moment.at/story/psychotherapie-oesterreich-alles-was-du-wissen-musst

66 Ebenda.

67 Unter Genderdysphorie versteht man das starke und anhaltende Gefühl, dass das eigene anatomische Geschlecht nicht mit der eigenen Geschlechtsidentität, also dem Selbstverständnis, übereinstimmt. Damit einher geht oft der Wunsch, das eingetragene Geschlecht zu wechseln.

68 Ableismus bezeichnet die Reduzierung von Menschen auf ihre (körperliche oder psychische) Behinderung und die damit zusammenhängende Abwertung, Ausgrenzung und Diskriminierung. Ableismus wird oft als Synonym für Behindertenfeindlichkeit verwendet.

69 Vgl. Eja Kapeller. „‚Ignorieren Sie das einfach‘: Wie rassistisch eine Psychotherapie für People of Color sein kann“, *Wienerin*, 16.02.2021. https://wienerin.at/ignorieren-sie-das-einfach-wie-rassistisch-eine-psychotherapie-fur-people-color-sein-kann

70 Max Eberle. „Psychotherapie in Österreich: Alles, was du wissen musst“, *Momentum Institut*, 08.11.2021. https://www.moment.at/story/psychotherapie-oesterreich-alles-was-du-wissen-musst

71 Das N-Wort ist eine Umschreibung für die abwertende, beleidigende und rassistisch diskriminierende Bezeichnung von Schwarzen Menschen. Das N-Wort ist eng mit der Geschichte des Kolonialismus und der Sklaverei verbunden und damit ein zutiefst rassistischer Begriff.

72 Das Z-Wort ist eine Umschreibung für die abfällige, abwertende und diskriminierende Beschreibung von Rom*nja und Sinti*zze. Das Z-Wort wird oft als Schimpfwort verwendet, ist mit viel Ausgrenzung und Gewalt verbunden und erinnert an den Genozid der europäischen Rom*nja zur Zeit des Nationalsozialismus.

73 Vgl. Andrea Geier. „Wie Kampfbegriffe den Diskurs prägen“, *Deutschlandfunk Kultur,* 24.09.2020. https://www.deutschlandfunkkultur.de/debatte-ueber-cancel-culture-wie-kampfbegriffe-den-diskurs-100.html

74 Institut für Demoskopie Allensbach. Studie: Die Mehrheit fühlt sich gegängelt. https://www.ifd-allensbach.de/fileadmin/kurzberichte_dokumentationen/FAZ_Juni2021_Meinungsfreiheit.pdf

75 Jürgen Bönig. „Zur Geschichte der Kinderarbeit in Deutschland und Europa“, “, *APuZ - Aus Politik und Zeitgeschichte,* 16.10.2012. https://www.bpb.de/shop/zeitschriften/apuz/146095/zur-geschichte-der-kinderarbeit-in-deutschland-und-europa/

76 Tobias Kaiser. ”Stimmen gegen das Wahlrecht – der ‚Deutsche Bund zur Bekämpfung der Frauenemanzipation‘ und andere GegnerInnen“, *Bundeszentrale für Politische Bildung,* 12.11.2018. https://www.bpb.de/themen/zeit-kulturgeschichte/frauenwahlrecht/278830/stimmen-gegen-das-wahlrecht-der-deutsche-bund-zur-bekaempfung-der-frauenemanzipation-und-andere-gegnerinnen/

77 Jan-Werner Müller. „Freiheit, Gleichheit, Zusammenhalt – oder: Gefährdet ‚Identitätspolitik‘ die liberale Demokratie? – Essay“, *APuZ - Aus Politik und Zeitgeschichte,* 25.06.2021. https://www.bpb.de/shop/zeitschriften/apuz/zustand-der-demokratie-2021/335435/freiheit-gleichheit-zusammenhalt-oder-gefaehrdet-identitaetspolitik-die-liberale-demokratie-essay/

78 Unter Hate Speech, auf Deutsch Hassrede, versteht man die Verbreitung von Hass im Internet. Das passiert meistens durch menschenverachtende und gewaltverherrlichende Aussagen und geht bis hin zu Vergewaltigungsfantasien, Morddrohungen und Gewaltaufrufen.

79 Aladin El-Mafaalani. *Das Integrationsparadox* (2022).

80 Judith Kohlenberger. *Wir* (2021).

81 Vortrag von Robin DiAngelo, Videomitschnitt: https://www.youtube.com/watch?v=45ey4jgoxeU&t=764s

82 Franziska Schutzbach (Text) und AHAOK (Illustration). „Wer oder was wird ‚gecancelt'?", *Republik*, 14.08.2020. https://www.republik.ch/2020/08/14/was-steckt-hinter-der-pranger-kultur

83 Ebenda.

84 Anna Schneider im Interview mit Friedrich Merz. „‚Linke Aktivisten gehen gegen völlig legitime Meinungen vor'", *Die Welt*, 27.07.2022. https://www.welt.de/politik/deutschland/plus240107053/CDU-Chef-Friedrich-Merz-Linke-Aktivisten-gehen-gegen-voellig-legitime-Meinungen-vor.html

85 Paula-Irene Villa Braslavsky im Gespräch mit Karin Fischer. „‚Wir sollten das Miteinander in der Differenz denken'", *Deutschlandfunk*, 02.04.2021. https://www.deutschlandfunk.de/gefahr-und-chancen-des-identitaetsdiskurses-wir-sollten-das-100.html

86 Jan-Werner Müller. „Freiheit, Gleichheit, Zusammenhalt – oder: Gefährdet ‚Identitätspolitik' die liberale Demokratie? – Essay", *APuZ - Aus Politik und Zeitgeschichte*, 25.06.2021. https://www.bpb.de/shop/zeitschriften/apuz/zustand-der-demokratie-2021/335435/freiheit-gleichheit-zusammenhalt-oder-gefaehrdet-identitaetspolitik-die-liberale-demokratie-essay/

87 Iris Därmann im Gespräch mit Simone Miller. „Die dunkle Seite der Philosophie", *Deutschlandfunk Kultur*, 02.08.2020. https://www.deutschlandfunkkultur.de/rechtfertigung-von-sklaverei-und-gewalt-die-dunkle-seite-100.html

88 Hans Platzgumer. „Über die, die jetzt laut ‚Freiheit' grölen: Gedanken von Hans Platzgumer", *Der Standard*, 19.12.2021. https://www.derstandard.at/story/2000131979524/ueber-die-die-jetzt-laut-freiheit-groelen-gedanken-von-hans

Foto © Elodie Grethen

Elodie Arpa

geboren 1999, LL.B. in Wirtschaftsrecht, studiert aktuell Deutsch und Ethik auf Lehramt in Wien. 2018 war sie Abschlussrednerin des Gedenktags gegen Gewalt und Rassismus im Gedenken an die Opfer des Nationalsozialismus. Im selben Jahr war sie Gewinnerin des bundesweiten Mehrsprachenredewettbewerbs SAG'S MULTI. Als Rednerin und Aktivistin setzt sie sich ein für Feminismus, Jugendpartizipation und ein handlungsfähiges und bürgernahes Europa. Als Autorin verarbeitet sie diese Themen zu Kolumnen und Spoken Word Poetry und tritt auf diversen Bühnen auf.

Alle Schreibweisen in Zitaten entsprechen den Setzungen der jeweiligen Urheber*innen, können sich von Definitionen der Autorin dieses Buches unterscheiden und tragen unterschiedlichen Ansätzen und Sichtweisen Rechnung.

Gedruckt mit freundlicher Unterstützung
der Kulturabteilung der Stadt Wien und
der Abteilung für Kunst und Kultur des Landes Niederösterreich

Stadt Wien

KULTUR NIEDERÖSTERREICH

www.kremayr-scheriau.at

ISBN 978-3-218-01380-2

Linolschnitt, Schutzumschlaggestaltung,
typografische Gestaltung und Satz: Sheila Ehm
Reihen-Konzept & Lektorat: Stefanie Jaksch
Druck und Bindung: Florjančič tisk d.o.o, Maribor